中文使用者基础韩文学习

중국어를 사용하는 국민을 위한

기초 **한글배우기**

① 기초편

第1号 基础篇

권용선 저

중국어로 한글배우기

用中文学习韩文

■ 세종대왕(조선 제4대 왕)
世宗大王
(朝鮮王朝第四代君主)

대한민국 대표한글

www.k-hangul.kr

■ 세종대왕 탄신 627돌(2024.5.15) 숭모제전
- 분향(焚香) 및 헌작(獻爵), 독축(讀祝), 사배(四拜), 헌화(獻花),
  망료례(望燎禮), 예필(禮畢), 인사말씀(국무총리)

■ 무용 : 봉래의(鳳來儀) | 국립국악원 무용단
- '용비어천가'의 가사를 무용수들이 직접 노래하고 춤을 춤으로써
  비로소 시(詩), 가(歌), 무(舞)가 합일하는 악(樂)을 완성하는 장면

■ 영릉(세종·소헌왕후)
조선 제4대 세종대왕과 소헌왕후 심씨를 모신 합장릉이다.
세종대왕은 한글을 창제하고 혼천의를 비롯한 여러 과학기기를 발명하는 등 재위기간 중 뛰어난 업적을
이룩하였다.

■ 소재지(Location): 대한민국 경기도 여주시 세종대왕면 영릉로 269-10

■ 대표 업적
- 한글 창제: 1443년(세종 25년)~1446년 9월 반포
- 학문 창달
- 과학의 진흥
- 외치와 국방
- 음악의 정리
- 속육전 등의 법전 편찬 및 정리
- 각종 화학 무기 개발

※联合国教科文组织世界文化遗产※
■ 英陵(世宗大王和昭宪王后)
这是朝鲜王朝第四代君王世宗大王和昭宪王后沈氏的合葬陵墓。
世宗大王在位期间创下了诸多的丰功伟绩，如创制韩文、发明浑天仪等多种科学仪器。

■ 地址（Location）：韩国京畿道骊州市世宗大王面英陵路269-10

■ 主要功绩
- 创制韩文：1443年（世宗二十五年）-1446年9月颁布
- 繁荣学术
- 振兴科学
- 外交与国防
- 整理音乐
- 编纂及整理《续六典》等法典
- 开发各种化学武器

머리말 前言

Let's learn Hangul!

韩文有14个辅音和10个元音, 此外还有复合辅音和复合元音。辅音和元音组合成字, 自然发音。韩文大约可以组合出11170个字, 其中常用字占30%。本书内容以生活中的常用韩文为基础, 开发重点如下所示:

- 基本学习内容围绕韩文的辅音和元音进行学习。
- 提供韩文笔顺示例, 奠定正确使用韩文的基础。
- 以 "书写" 为中心进行练习, 目的是通过反复书写练习自然掌握韩文。
- 官网（www.K-hangul.kr）提供教材配套学习资料。
- 通过本书可以学习到韩国生活中常用的字或单词。
- 对于不常用的韩文缩小学习篇幅, 只提供必要内容。

学习一门语言的本质是学习新的文化, 有助于拓展思路。本书是韩文学习基础教材, 掌握书中内容后不仅可以提升韩语水平, 还可以广泛理解韩国的文化和精神。谢谢!

k-hangul Publisher: Kwon, Yong-sun

한글은 자음 14자, 모음 10자 그 외에 겹자음과 겹모음의 조합으로 글자가 이루어지며 소리를 갖게 됩니다. 한글 조합자는 약 11,170자로 이루어져 있는데, 그중 30% 정도가 주로 사용되고 있습니다. 이 책은 실생활에서 자주 사용하는 우리말을 토대로 내용을 구성하였고, 다음 사항을 중심으로 개발되었습니다.

- 한글의 자음과 모음을 기초로 배우는 기본학습내용으로 이루어져 있습니다.
- 한글의 필순을 제시하여 올바른 한글 사용의 기초를 튼튼히 다지도록 했습니다.
- 반복적인 쓰기 학습을 통해 자연스레 한글을 습득할 수 있도록 '쓰기'에 많은 지면을 할애하였습니다.
- 홈페이지(www.k-hangul.kr)에 교재와 병행 학습할 수 있는 자료를 제공하고 있습니다.
- 한국의 일상생활에서 자주 사용되는 글자나 낱말을 중심으로 내용을 구성하였습니다.
- 사용빈도가 높지 않은 한글에 대한 내용은 줄이고 꼭 필요한 내용만 수록하였습니다.

언어를 배우는 것은 문화를 배우는 것이며, 사고의 폭을 넓히는 계기가 됩니다. 이 책은 한글 학습에 기본이 되는 교재이므로 내용을 꼼꼼하게 터득하면 한글은 물론 한국의 문화와 정신까지 폭넓게 이해하게 될 것입니다.

※참고 : 본 교재는 ❶기초편으로, ❷문장편 ❸대화편 ❹생활 편으로 구성되어 출간 판매 중에 있습니다.
　　参考：本教材分为 ❶基础篇、❷语句篇、❸会话篇、❹生活篇、市面有售
※판매처 : 교보문고, 알라딘, yes24, 네이버, 쿠팡 등
　　购买地点：教保文库、阿拉丁、yes24、NAVER、Coupang 等

저자 권용선

차례 目录

제1장

자음

第一章 辅音

01 자음 [辅音]

월 일

자음 읽기 [读辅音]

ㄱ	ㄴ	ㄷ	ㄹ	ㅁ
기역(Giyeok)	니은(Nieun)	디귿(Digeut)	리을(Rieul)	미음(Mieum)
ㅂ	ㅅ	ㅇ	ㅈ	ㅊ
비읍(Bieup)	시옷(Siot)	이응(Ieung)	지읒(Jieut)	치읓(Chieut)
ㅋ	ㅌ	ㅍ	ㅎ	
키읔(Kieuk)	티읕(Tieut)	피읖(Pieup)	히읗(Hieut)	

자음 쓰기 [写辅音]

ㄱ	ㄴ	ㄷ	ㄹ	ㅁ
기역(Giyeok)	니은(Nieun)	디귿(Digeut)	리을(Rieul)	미음(Mieum)
ㅂ	ㅅ	ㅇ	ㅈ	ㅊ
비읍(Bieup)	시옷(Siot)	이응(Ieung)	지읒(Jieut)	치읓(Chieut)
ㅋ	ㅌ	ㅍ	ㅎ	
키읔(Kieuk)	티읕(Tieut)	피읖(Pieup)	히읗(Hieut)	

자음 [辅音]

월   일

자음 익히기 [巩固辅音]

다음 자음을 쓰는 순서에 맞게 따라 쓰세요.
(跟着下列正确笔顺练习书写辅音。)

자음 辅音	이름 名称	쓰는 순서 笔顺	영어 표기 发音标记	쓰기 写一写				
ㄱ	기역	ㄱ	Giyeok	ㄱ				
ㄴ	니은	ㄴ	Nieun	ㄴ				
ㄷ	디귿	ㄷ	Digeut	ㄷ				
ㄹ	리을	ㄹ	Rieul	ㄹ				
ㅁ	미음	ㅁ	Mieum	ㅁ				
ㅂ	비읍	ㅂ	Bieup	ㅂ				
ㅅ	시옷	ㅅ	Siot	ㅅ				
ㅇ	이응	ㅇ	Ieung	ㅇ				
ㅈ	지읒	ㅈ	Jieut	ㅈ				
ㅊ	치읓	ㅊ	Chieut	ㅊ				
ㅋ	키읔	ㅋ	Kieuk	ㅋ				
ㅌ	티읕	ㅌ	Tieut	ㅌ				
ㅍ	피읖	ㅍ	Pieup	ㅍ				
ㅎ	히읗	ㅎ	Hieut	ㅎ				

03 한글 자음과 모음표 [韩文辅音和元音表]

월   일

※ 참고 : 음절표(18p~37P)에서 학습할 내용

mp3 자음 모음	ㅏ (아)	ㅑ (야)	ㅓ (어)	ㅕ (여)	ㅗ (오)	ㅛ (요)	ㅜ (우)	ㅠ (유)	ㅡ (으)	ㅣ (이)
ㄱ (기역)	가	갸	거	겨	고	교	구	규	그	기
ㄴ (니은)	나	냐	너	녀	노	뇨	누	뉴	느	니
ㄷ (디귿)	다	댜	더	뎌	도	됴	두	듀	드	디
ㄹ (리을)	라	랴	러	려	로	료	루	류	르	리
ㅁ (미음)	마	먀	머	뎌	모	묘	무	뮤	므	미
ㅂ (비읍)	바	뱌	버	벼	보	뵤	부	뷰	브	비
ㅅ (시옷)	사	샤	서	셔	소	쇼	수	슈	스	시
ㅇ (이응)	아	야	어	여	오	요	우	유	으	이
ㅈ (지읒)	자	쟈	저	져	조	죠	주	쥬	즈	지
ㅊ (치읓)	차	챠	처	쳐	초	쵸	추	츄	츠	치
ㅋ (키읔)	카	캬	커	켜	코	쿄	쿠	큐	크	키
ㅌ (티읕)	타	탸	터	텨	토	툐	투	튜	트	티
ㅍ (피읖)	파	퍄	퍼	펴	포	표	푸	퓨	프	피
ㅎ (히읗)	하	햐	허	혀	호	효	후	휴	흐	히

제2장

모음

第二章 元音

모음 [元音]

월   일

모음 읽기 [读元音]

ㅏ	ㅑ	ㅓ	ㅕ	ㅗ
아(A)	야(Ya)	어(Eo)	여(Yeo)	오(O)
ㅛ	ㅜ	ㅠ	ㅡ	ㅣ
요(Yo)	우(U)	유(Yu)	으(Eu)	이(I)

모음 쓰기 [写元音]

ㅏ	ㅑ	ㅓ	ㅕ	ㅗ
아(A)	야(Ya)	어(Eo)	여(Yeo)	오(O)
ㅛ	ㅜ	ㅠ	ㅡ	ㅣ
요(Yo)	우(U)	유(Yu)	으(Eu)	이(I)

10 • 중국어를 사용하는 국민을 위한 기초 한글배우기
中文使用者基础韩文学习

O2 모음 [元音]

모음 익히기 [巩固元音]

다음 모음을 쓰는 순서에 맞게 따라 쓰세요.
(跟着下列正确笔顺练习书写元音。)

모음 元音	이름 名称	쓰는 순서 笔顺	영어 표기 发音标记	쓰기 写一写				
ㅏ	아		A	ㅏ				
ㅑ	야		Ya	ㅑ				
ㅓ	어		Eo	ㅓ				
ㅕ	여		Yeo	ㅕ				
ㅗ	오		O	ㅗ				
ㅛ	요		Yo	ㅛ				
ㅜ	우		U	ㅜ				
ㅠ	유		Yu	ㅠ				
ㅡ	으		Eu	ㅡ				
ㅣ	이		I	ㅣ				

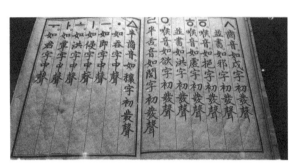 

- 훈민정음(訓民正音) : 새로 창제된 훈민정음을 1446년(세종 28) 정인지 등 집현전 학사들이 저술한 한문해설서이다. 해례가 붙어 있어서〈훈민정음 해 례본 訓民正音 解例本〉이라고도 하며 예의(例義), 해례(解例), 정인지 서문으로 구성되어 있다. 특히 서문에는 **훈민정음을 만든 이유**, 편찬자, 편년월일, 우 수성을 기록하고 있다. 1997년 유네스코 세계기록유산으로 등록되었다.

■ 훈민정음(訓民正音)을 만든 이유

- 훈민정음은 백성을 가르치는 바른 소리 -

훈민정음 서문에 나오는 '나랏말씀이 중국과 달라 한자와 서로 통하지 않는다.' 는 말은 풍속과 기질이 달라 성음(聲音)이 서로 같지 않 게 된다는 것이다.

"이런 이유로 어리석은 백성이 말하고 싶은 것이 있어도 마침내 제 뜻을 표현하지 못하는 사람이 많다. 이를 불쌍히 여겨 새로 28자를 만들었으니 사람마다 쉽게 익혀 씀에 편하게 할 뿐이다."

지혜로운 사람은 아침나절이 되기 전에 이해하고 어리석은 사람도 열흘이면 배울 수 있는 훈민정음은 바람소리, 학의 울음이나 닭 울 음소리, 개 짖는 소리까지 모두 표현해 쓸 수 있어 지구상의 모든 문자 가운데 가장 창의적이고 과학적이라는 찬사를 받는 문자이다.

-세종 28년-

■ 세종대왕 약력

- 조선 제4대 왕
- 이름: 이도
- 출생지: 서울(한양)
- 생년월일: 1397년 5월 15일~1450년 2월 17일
- 재위 기간: 1418년 8월~1450년 2월(31년 6개월)

■ 为什么编写《训民正音》

-《训民正音》是指教导百姓正确发音 -

《训民正音》序言中明确指出"国之语音异乎中国, 与文字不相流通", 即风俗习惯和特点不同, 声音也不尽相同。"故愚民有所欲 言而终不得伸其情者多矣。予为此悯然, 新制二十八字, 欲使人人易习, 便于日用矣。"聪明的人一早上就能学会, 即使愚笨的 人也只需要十天。"训民正音"能够标记天下所有语音, 甚至还可以标记风声, 鹤鸣, 鸡鸣, 狗吠等, 是最具创意, 最科学的文 字。

– 世宗二十八年 –

■ 世宗大王简历

- 朝鲜王朝第四代君主
- 姓名: 李祹
- 出生地：首尔（汉阳）
- 在世时间：1397年5月15日-1450年2月17日
- 在位时间：1418年8月-1450年2月（31年6个月）

제3장

겹자음과
겹모음

第三章 复合辅音和复合元音

겹자음 [复合辅音]

월   일

겹자음 읽기 [读复合辅音]

ㄲ	ㄸ	ㅃ	ㅆ	ㅉ
쌍기역 (Ssanggiyeok)	쌍디귿 (Ssangdigeut)	쌍비읍 (Ssangbieup)	쌍시옷 (Ssangsiot)	쌍지읒 (Ssangjieut)

겹자음 쓰기 [写复合辅音]

ㄲ	ㄸ	ㅃ	ㅆ	ㅉ
쌍기역 (Ssanggiyeok)	쌍디귿 (Ssangdigeut)	쌍비읍 (Ssangbieup)	쌍시옷 (Ssangsiot)	쌍지읒 (Ssangjieut)

겹자음 익히기 [巩固复合辅音]

다음 겹자음을 쓰는 순서에 맞게 따라 쓰세요.
(跟着下列正确笔顺练习书写复合辅音。)

겹자음 复合辅音	이름 名称	쓰는 순서 笔顺	영어 표기 发音标记	쓰기 写一写			
ㄲ	쌍기역		Ssanggiyeok	ㄲ			
ㄸ	쌍디귿		Ssangdigeut	ㄸ			
ㅃ	쌍비읍		Ssangbieup	ㅃ			
ㅆ	쌍시옷		Ssangsiot	ㅆ			
ㅉ	쌍지읒		Ssangjieut	ㅉ			

O2 겹모음 [复合元音]

월   일

⦂ 겹모음 읽기 [读复合元音]

ㅐ	ㅔ	ㅒ	ㅖ	ㅘ
애(Ae)	에(E)	얘(Yae)	예(Ye)	와(Wa)
ㅙ	ㅚ	ㅝ	ㅞ	ㅟ
왜(Wae)	외(Oe)	워(Wo)	웨(We)	위(Wi)
ㅢ				
의(Ui)				

⦂ 겹모음 쓰기 [写复合元音]

애(Ae)	에(E)	얘(Yae)	예(Ye)	와(Wa)
왜(Wae)	외(Oe)	워(Wo)	웨(We)	위(Wi)
의(Ui)				

02 겹모음 [复合元音]

월   일

겹모음 익히기 [巩固复合元音]

다음 겹모음을 쓰는 순서에 맞게 따라 쓰세요.
(跟着下列正确笔顺练习书写复合元音。)

겹모음 复合元音	이름 名称	쓰는 순서 笔顺	영어 표기 发音标记	쓰기 写一写					
ㅐ	애		Ae	ㅐ					
ㅔ	에		E	ㅔ					
ㅒ	얘		Yae	ㅒ					
ㅖ	예		Ye	ㅖ					
ㅘ	와		Wa	ㅘ					
ㅙ	왜		Wae	ㅙ					
ㅚ	외		Oe	ㅚ					
ㅝ	워		Wo	ㅝ					
ㅞ	웨		We	ㅞ					
ㅟ	위		Wi	ㅟ					
ㅢ	의		Ui	ㅢ					

제4장

음절표

第四章 音节表

01 자음+모음(ㅏ) [辅音+元音(ㅏ)]

월   일

자음+모음(ㅏ) 읽기 [读辅音+元音(ㅏ)]

가	나	다	라	마
Ga	Na	Da	Ra	Ma
바	사	아	자	차
Ba	Sa	A	Ja	Cha
카	타	파	하	
Ka	Ta	Pa	Ha	

자음+모음(ㅏ) 쓰기 [写辅音+元音(ㅏ)]

가	나	다	라	마
Ga	Na	Da	Ra	Ma
바	사	아	자	차
Ba	Sa	A	Ja	Cha
카	타	파	하	
Ka	Ta	Pa	Ha	

01 자음+모음(ㅏ) [辅音+元音(ㅏ)]

월   일

자음+모음(ㅏ) 익히기 [巩固辅音+元音(ㅏ)]

다음 자음+모음(ㅏ)을 쓰는 순서에 맞게 따라 쓰세요.
(跟着下列正确笔顺练习书写辅音+元音(ㅏ)。)

자음+모음(ㅏ)	이름	쓰는 순서	영어 표기	쓰기				
ㄱ+ㅏ	가	가	Ga	가				
ㄴ+ㅏ	나	나	Na	나				
ㄷ+ㅏ	다	다	Da	다				
ㄹ+ㅏ	라	라	Ra	라				
ㅁ+ㅏ	마	마	Ma	마				
ㅂ+ㅏ	바	바	Ba	바				
ㅅ+ㅏ	사	사	Sa	사				
ㅇ+ㅏ	아	아	A	아				
ㅈ+ㅏ	자	자	Ja	자				
ㅊ+ㅏ	차	차	Cha	차				
ㅋ+ㅏ	카	카	Ka	카				
ㅌ+ㅏ	타	타	Ta	타				
ㅍ+ㅏ	파	파	Pa	파				
ㅎ+ㅏ	하	하	Ha	하				

02 자음+모음(ㅓ) [辅音+元音(ㅓ)]

월   일

자음+모음(ㅓ) 읽기 [读辅音+元音(ㅓ)]

거	너	더	러	머
Geo	Neo	Deo	Reo	Meo
버	서	어	저	처
Beo	Seo	Eo	Jeo	Cheo
커	터	퍼	허	
Keo	Teo	Peo	Heo	

자음+모음(ㅓ) 쓰기 [写辅音+元音(ㅓ)]

거	너	더	러	머
Geo	Neo	Deo	Reo	Meo
버	서	어	저	처
Beo	Seo	Eo	Jeo	Cheo
커	터	퍼	허	
Keo	Teo	Peo	Heo	

O2 자음+모음(ㅓ) [辅音+元音(ㅓ)]

월   일

자음+모음(ㅓ) 익히기 [巩固辅音+元音(ㅓ)]

다음 자음+모음(ㅓ)을 쓰는 순서에 맞게 따라 쓰세요.
(跟着下列正确笔顺练习书写辅音+元音(ㅓ)。)

자음+모음(ㅓ)	이름	쓰는 순서	영어 표기	쓰기					
ㄱ+ㅓ	거	거	Geo	거					
ㄴ+ㅓ	너	너	Neo	너					
ㄷ+ㅓ	더	더	Deo	더					
ㄹ+ㅓ	러	러	Reo	러					
ㅁ+ㅓ	머	머	Meo	머					
ㅂ+ㅓ	버	버	Beo	버					
ㅅ+ㅓ	서	서	Seo	서					
ㅇ+ㅓ	어	어	Eo	어					
ㅈ+ㅓ	저	저	Jeo	저					
ㅊ+ㅓ	처	처	Cheo	처					
ㅋ+ㅓ	커	커	Keo	커					
ㅌ+ㅓ	터	터	Teo	터					
ㅍ+ㅓ	퍼	퍼	Peo	퍼					
ㅎ+ㅓ	허	허	Heo	허					

자음+모음(ㅗ) [辅音+元音(ㅗ)]

월   일

자음+모음(ㅗ) 읽기 [读辅音+元音 (ㅗ)]

고	노	도	로	모
Go	No	Do	Ro	Mo
보	소	오	조	초
Bo	So	O	Jo	Cho
코	토	포	호	
Ko	To	Po	Ho	

자음+모음(ㅗ) 쓰기 [写辅音+元音 (ㅗ)]

고	노	도	로	모
Go	No	Do	Ro	Mo
보	소	오	조	초
Bo	So	O	Jo	Cho
코	토	포	호	
Ko	To	Po	Ho	

O3 자음+모음(ㅗ) [辅音+元音(ㅗ)]

월 일

자음+모음(ㅗ) 익히기 [巩固辅音+元音(ㅗ)]

다음 자음+모음(ㅗ)을 쓰는 순서에 맞게 따라 쓰세요.
(跟着下列正确笔顺练习书写辅音+元音 (ㅗ)。)

자음+모음(ㅗ)	이름	쓰는 순서	영어 표기	쓰기				
ㄱ+ㅗ	고	고	Go	고				
ㄴ+ㅗ	노	노	No	노				
ㄷ+ㅗ	도	도	Do	도				
ㄹ+ㅗ	로	로	Ro	로				
ㅁ+ㅗ	모	모	Mo	모				
ㅂ+ㅗ	보	보	Bo	보				
ㅅ+ㅗ	소	소	So	소				
ㅇ+ㅗ	오	오	O	오				
ㅈ+ㅗ	조	조	Jo	조				
ㅊ+ㅗ	초	초	Cho	초				
ㅋ+ㅗ	코	코	Ko	코				
ㅌ+ㅗ	토	토	To	토				
ㅍ+ㅗ	포	포	Po	포				
ㅎ+ㅗ	호	호	Ho	호				

04 자음＋모음(ㅜ) [辅音+元音(ㅜ)]

월   일

자음＋모음(ㅜ) 읽기 [读辅音+元音 (ㅜ)]

구	누	두	루	무
Gu	Nu	Du	Ru	Mu
부	수	우	주	추
Bu	Su	U	Ju	Chu
쿠	투	푸	후	
Ku	Tu	Pu	Hu	

자음＋모음(ㅜ) 쓰기 [写辅音+元音 (ㅜ)]

구	누	두	루	무
Gu	Nu	Du	Ru	Mu
부	수	우	주	추
Bu	Su	U	Ju	Chu
쿠	투	푸	후	
Ku	Tu	Pu	Hu	

04 자음+모음(ㅜ) [辅音+元音(ㅜ)]

월   일

자음+모음(ㅜ) 익히기 [巩固辅音+元音 (ㅜ)]

다음 자음+모음(ㅜ)을 쓰는 순서에 맞게 따라 쓰세요.
(跟着下列正确笔顺练习书写辅音+元音 (ㅜ)。)

자음+모음(ㅜ)	이름	쓰는 순서	영어 표기	쓰기				
ㄱ+ㅜ	구	구	Gu	구				
ㄴ+ㅜ	누	누	Nu	누				
ㄷ+ㅜ	두	두	Du	두				
ㄹ+ㅜ	루	루	Ru	루				
ㅁ+ㅜ	무	무	Mu	무				
ㅂ+ㅜ	부	부	Bu	부				
ㅅ+ㅜ	수	수	Su	수				
ㅇ+ㅜ	우	우	U	우				
ㅈ+ㅜ	주	주	Ju	주				
ㅊ+ㅜ	추	추	Chu	추				
ㅋ+ㅜ	쿠	쿠	Ku	쿠				
ㅌ+ㅜ	투	투	Tu	투				
ㅍ+ㅜ	푸	푸	Pu	푸				
ㅎ+ㅜ	후	후	Hu	후				

05 # 자음+모음(ㅡ) [辅音+元音(ㅡ)]

월 일

자음+모음(ㅡ) 읽기 [读辅音+元音 (ㅡ)]

ㄱ	ㄴ	ㄷ	ㄹ	ㅁ
Geu	Neu	Deu	Reu	Meu
ㅂ	ㅅ	ㅇ	ㅈ	ㅊ
Beu	Seu	Eu	Jeu	Cheu
ㅋ	ㅌ	ㅍ	ㅎ	
Keu	Teu	Peu	Heu	

자음+모음(ㅡ) 쓰기 [写辅音+元音 (ㅡ)]

ㄱ	ㄴ	ㄷ	ㄹ	ㅁ
Geu	Neu	Deu	Reu	Meu
ㅂ	ㅅ	ㅇ	ㅈ	ㅊ
Beu	Seu	Eu	Jeu	Cheu
ㅋ	ㅌ	ㅍ	ㅎ	
Keu	Teu	Peu	Heu	

05 자음+모음(ㅡ) [辅音+元音(ㅡ)]

월 일

☱ 자음+모음(ㅡ) 익히기 [巩固辅音+元音 (ㅡ)]

다음 자음+모음(ㅡ)을 쓰는 순서에 맞게 따라 쓰세요.
(跟着下列正确笔顺练习书写辅音+元音 (ㅡ)。)

자음+모음(ㅡ)	이름	쓰는 순서	영어 표기	쓰기			
ㄱ+ㅡ	그	그	Geu	그			
ㄴ+ㅡ	느	느	Neu	느			
ㄷ+ㅡ	드	드	Deu	드			
ㄹ+ㅡ	르	르	Reu	르			
ㅁ+ㅡ	므	므	Meu	므			
ㅂ+ㅡ	브	브	Beu	브			
ㅅ+ㅡ	스	스	Seu	스			
ㅇ+ㅡ	으	으	Eu	으			
ㅈ+ㅡ	즈	즈	Jeu	즈			
ㅊ+ㅡ	츠	츠	Cheu	츠			
ㅋ+ㅡ	크	크	Keu	크			
ㅌ+ㅡ	트	트	Teu	트			
ㅍ+ㅡ	프	프	Peu	프			
ㅎ+ㅡ	흐	흐	Heu	흐			

06 자음+모음(ㅑ) [辅音+元音(ㅑ)]

월 일

자음+모음(ㅑ) 읽기 [读辅音+元音(ㅑ)]

갸	냐	댜	랴	먀
Gya	Nya	Dya	Rya	Mya
뱌	샤	야	쟈	챠
Bya	Sya	Ya	Jya	Chya
캬	탸	퍄	햐	
Kya	Tya	Pya	Hya	

자음+모음(ㅑ) 쓰기 [写辅音+元音(ㅑ)]

갸	냐	댜	랴	먀
Gya	Nya	Dya	Rya	Mya
뱌	샤	야	쟈	챠
Bya	Sya	Ya	Jya	Chya
캬	탸	퍄	햐	
Kya	Tya	Pya	Hya	

06 자음+모음(ㅑ) [辅音+元音(ㅑ)]

자음+모음(ㅑ) 익히기 [巩固辅音+元音(ㅑ)]

다음 자음+모음(ㅑ)을 쓰는 순서에 맞게 따라 쓰세요.
(跟着下列正确笔顺练习书写辅音+元音(ㅑ)。)

자음+모음(ㅑ)	이름	쓰는 순서	영어 표기	쓰기					
ㄱ+ㅑ	갸	갸	Gya	갸					
ㄴ+ㅑ	냐	냐	Nya	냐					
ㄷ+ㅑ	댜	댜	Dya	댜					
ㄹ+ㅑ	랴	랴	Rya	랴					
ㅁ+ㅑ	먀	먀	Mya	먀					
ㅂ+ㅑ	뱌	뱌	Bya	뱌					
ㅅ+ㅑ	샤	샤	Sya	샤					
ㅇ+ㅑ	야	야	Ya	야					
ㅈ+ㅑ	쟈	쟈	Jya	쟈					
ㅊ+ㅑ	챠	챠	Chya	챠					
ㅋ+ㅑ	캬	캬	Kya	캬					
ㅌ+ㅑ	탸	탸	Tya	탸					
ㅍ+ㅑ	퍄	퍄	Pya	퍄					
ㅎ+ㅑ	햐	햐	Hya	햐					

07 자음+모음(ㅕ) [辅音+元音(ㅕ)]

월   일

자음+모음(ㅕ) 읽기 [读辅音+元音 (ㅕ)]

겨	녀	뎌	려	며
Gyeo	Nyeo	Dyeo	Ryeo	Myeo
벼	셔	여	져	쳐
Byeo	Syeo	Yeo	Jyeo	Chyeo
켜	텨	펴	혀	
Kya	Tyeo	Pyeo	Hyeo	

자음+모음(ㅕ) 쓰기 [写辅音+元音 (ㅕ)]

겨	녀	뎌	려	며
Gyeo	Nyeo	Dyeo	Rya	Myeo
벼	셔	여	져	쳐
Byeo	Syeo	Yeo	Jyeo	Chyeo
켜	텨	펴	혀	
Kyeo	Tyeo	Pyeo	Hyeo	

07 자음+모음(ㅕ) [辅音+元音(ㅕ)]

월   일

자음+모음(ㅕ) 익히기 [巩固辅音+元音 (ㅕ)]

다음 자음+모음(ㅕ)을 쓰는 순서에 맞게 따라 쓰세요.
(跟着下列正确笔顺练习书写辅音+元音 (ㅕ)。)

자음+모음(ㅕ)	이름	쓰는 순서	영어 표기	쓰기				
ㄱ+ㅕ	겨	겨	Gyeo	겨				
ㄴ+ㅕ	녀	녀	Nyeo	녀				
ㄷ+ㅕ	뎌	뎌	Dyeo	뎌				
ㄹ+ㅕ	려	려	Ryeo	려				
ㅁ+ㅕ	며	며	Myeo	며				
ㅂ+ㅕ	벼	벼	Byeo	벼				
ㅅ+ㅕ	셔	셔	Syeo	셔				
ㅇ+ㅕ	여	여	Yeo	여				
ㅈ+ㅕ	져	져	Jyeo	져				
ㅊ+ㅕ	쳐	쳐	Chyeo	쳐				
ㅋ+ㅕ	켜	켜	Kyeo	켜				
ㅌ+ㅕ	텨	텨	Tyeo	텨				
ㅍ+ㅕ	펴	펴	Pyeo	펴				
ㅎ+ㅕ	펴	혀	Hyeo	혀				

제 4장 음절표 • **31**

08 자음+모음(ㅛ) [辅音+元音(ㅛ)]

자음+모음(ㅛ) 읽기 [读辅音+元音(ㅛ)]

교	뇨	됴	료	묘
Gyo	Nyo	Dyo	Ryo	Myo
뵤	쇼	요	죠	쵸
Byo	Syo	Yo	Jyo	Chyo
쿄	툐	표	효	
Kyo	Tyo	Pyo	Hyo	

자음+모음(ㅛ) 쓰기 [写辅音+元音(ㅛ)]

Gyo	Nyo	Dyo	Ryo	Myo
Gyo	Nyo	Dyo	Ryo	Myo
Byo	Syo	Yo	Jyo	Chyo
Byo	Syo	Yo	Jyo	Chyo
Kyo	Tyo	Pyo	Hyo	
Kyo	Tyo	Pyo	Hyo	

O8 자음+모음(ㅛ) [辅音+元音(ㅛ)]

월   일

자음+모음(ㅛ) 익히기 [巩固辅音+元音 (ㅛ)]

다음 자음+모음(ㅛ)을 쓰는 순서에 맞게 따라 쓰세요.
(跟着下列正确笔顺练习书写辅音+元音 (ㅛ)。)

자음+모음(ㅛ)	이름	쓰는 순서	영어 표기	쓰기				
ㄱ+ㅛ	교	교	Gyo	교				
ㄴ+ㅛ	뇨	뇨	Nyo	뇨				
ㄷ+ㅛ	됴	됴	Dyo	됴				
ㄹ+ㅛ	료	료	Ryo	료				
ㅁ+ㅛ	묘	묘	Myo	묘				
ㅂ+ㅛ	뵤	뵤	Byo	뵤				
ㅅ+ㅛ	쇼	쇼	Syo	쇼				
ㅇ+ㅛ	요	요	Yo	요				
ㅈ+ㅛ	죠	죠	Jyo	죠				
ㅊ+ㅛ	쵸	쵸	Chyo	쵸				
ㅋ+ㅛ	쿄	쿄	Kyo	쿄				
ㅌ+ㅛ	툐	툐	Tyo	툐				
ㅍ+ㅛ	표	표	Pyo	표				
ㅎ+ㅛ	효	효	Hyo	효				

09 자음+모음(ㅠ) [辅音+元音(ㅠ)]

월   일

자음+모음(ㅠ) 읽기 [读辅音+元音 (ㅠ)]

규	뉴	듀	류	뮤
Gyu	Nyu	Dyu	Ryu	Myu
뷰	슈	유	쥬	츄
Byu	Syu	Yu	Jyu	Chyu
큐	튜	퓨	휴	
Kyu	Tyu	Pyu	Hyu	

자음+모음(ㅠ) 쓰기 [写辅音+元音 (ㅠ)]

규	뉴	듀	류	뮤
Gyu	Nyu	Dyu	Ryu	Myu
뷰	슈	유	쥬	츄
Byu	Syu	Yu	Jyu	Chyu
큐	튜	퓨	휴	
Kyu	Tyu	Pyu	Hyu	

09 자음+모음(ㅠ) [辅音+元音(ㅠ)]

월   일

자음+모음(ㅠ) 익히기 [巩固辅音+元音 (ㅠ)]

다음 자음+모음(ㅠ)을 쓰는 순서에 맞게 따라 쓰세요.
(跟着下列正确笔顺练习书写辅音+元音 (ㅠ)。)

자음+모음(ㅠ)	이름	쓰는 순서	영어 표기	쓰기				
ㄱ+ㅠ	규	규	Gyu	규				
ㄴ+ㅠ	뉴	뉴	Nyu	뉴				
ㄷ+ㅠ	듀	듀	Dyu	듀				
ㄹ+ㅠ	류	류	Ryu	류				
ㅁ+ㅠ	뮤	뮤	Myu	뮤				
ㅂ+ㅠ	뷰	뷰	Byu	뷰				
ㅅ+ㅠ	슈	슈	Syu	슈				
ㅇ+ㅠ	유	유	Yu	유				
ㅈ+ㅠ	쥬	쥬	Jyu	쥬				
ㅊ+ㅠ	츄	츄	Chyu	츄				
ㅋ+ㅠ	큐	큐	Kyu	큐				
ㅌ+ㅠ	튜	튜	Tyu	튜				
ㅍ+ㅠ	퓨	퓨	Pyu	퓨				
ㅎ+ㅠ	휴	휴	Hyu	휴				

10 자음+모음(ㅣ) [辅音+元音(ㅣ)]

월 일

자음+모음(ㅣ) 읽기 [读辅音+元音(ㅣ)]

기	니	디	리	미
Gi	Ni	Di	Ri	Mi
비	시	이	지	치
Bi	Si	I	Ji	Chi
키	티	피	히	
Ki	Ti	Pi	Hi	

자음+모음(ㅣ) 쓰기 [写辅音+元音(ㅣ)]

기	니	디	리	미
Gi	Ni	Di	Ri	Mi
비	시	이	지	치
Bi	Si	I	Ji	Chi
키	티	피	히	
Ki	Ti	Pi	Hi	

⑩ 자음+모음(┃) [辅音+元音(┃)]

월   일

자음+모음(┃) 익히기 [巩固辅音+元音 (┃)]

다음 자음+모음(┃)을 쓰는 순서에 맞게 따라 쓰세요.
(跟着下列正确笔顺练习书写辅音+元音 (┃)。)

자음+모음(┃)	이름	쓰는 순서	영어 표기	쓰기			
ㄱ+ ┃	기	기	Gi	기			
ㄴ+ ┃	니	니	Ni	니			
ㄷ+ ┃	디	디	Di	디			
ㄹ+ ┃	리	리	Ri	리			
ㅁ+ ┃	미	미	Mi	미			
ㅂ+ ┃	비	비	Bi	비			
ㅅ+ ┃	시	시	Si	시			
ㅇ+ ┃	이	이	I	이			
ㅈ+ ┃	지	지	Ji	지			
ㅊ+ ┃	치	치	Chi	치			
ㅋ+ ┃	키	키	Ki	키			
ㅌ+ ┃	티	티	Ti	티			
ㅍ+ ┃	피	피	Pi	피			
ㅎ+ ┃	히	히	Hi	히			

한글 자음과 모음 받침표 [韩文辅音和元音收音表]

월   일

※ 참고 : 받침 'ㄱ~ㅎ'(49p~62P)에서 학습할 내용

mp3 / 받침	가	나	다	라	마	바	사	아	자	차	카	타	파	하
ㄱ	각	낙	닥	락	막	박	삭	악	작	착	칵	탁	팍	학
ㄴ	간	난	단	란	만	반	산	안	잔	찬	칸	탄	판	한
ㄷ	갇	낟	닫	랃	맏	받	삳	앋	잗	찯	칻	탇	팓	핟
ㄹ	갈	날	달	랄	말	발	살	알	잘	찰	칼	탈	팔	할
ㅁ	감	남	담	람	맘	밤	삼	암	잠	참	캄	탐	팜	함
ㅂ	갑	납	답	랍	맙	밥	삽	압	잡	찹	캅	탑	팝	합
ㅅ	갓	낫	닷	랏	맛	밧	삿	앗	잣	찻	캇	탓	팟	핫
ㅇ	강	낭	당	랑	망	방	상	앙	장	창	캉	탕	팡	항
ㅈ	갖	낮	닺	랒	맞	밪	샃	앚	잦	찾	캊	탖	팢	핫
ㅊ	갗	낮	닺	랓	맟	밫	샃	앛	잧	찿	캋	탗	팣	핳
ㅋ	갘	낰	닼	랔	맠	밬	샄	앜	잨	챀	캌	탘	팤	핰
ㅌ	같	낱	닽	랕	맡	밭	샅	앝	잩	챁	캍	탙	팥	핱
ㅍ	갚	낲	닾	랖	맢	밮	샆	앞	잪	챂	캎	탚	팦	핲
ㅎ	갛	낳	닿	랗	맣	밯	샇	앟	잫	챃	캏	탛	팧	핳

제5장

자음과
겹모음

第五章 辅音和复合元音

국어국립원의 '우리말샘'에 등록되지 않은 글자. 또는 쓰임이 적은
글자를 아래와 같이 수록하니, 학습에 참고하시길 바랍니다.

페이지	'우리말샘'에 등록되지 않은 글자. 또는 쓰임이 적은 글자
42p	뎨(Dye) 볘(Bye) 졔(Jye) 쳬(Chye) 톄(Tye)
43p	돠(Dwa) 롸(Rwa) 뫄(Mwa) 톼(Twa) 퐈(Pwa)
44p	놰(Nwae) 뢔(Rwae) 뫠(Mwae) 쵀(Chwae) 퐤(Pwae)
46p	풔(Pwo)
48p	듸(Dui) 릐(Rui) 믜(Mui) 븨(Bui) 싀(Sui) 즤(Jui) 츼(Chui) 킈(Kui)
51p	랃(Rat) 앋(At) 챋(Chat) 캍(Kat) 탇(Tat) 팓(Pat)
57p	삿(Sat) 캇(Kat) 탓(Tat) 팟(Pat) 핫(Hat)
58p	랓(Rat) 맞(Mat) 밫(Bat) 샃(Sat) 앛(At) 잗(Jat) 찿(Chat) 캊(Chat) 탖(Tat) 팣(Pat) 핯(Hat)
59p	각(Gak) 낙(Nak) 닥(Dak) 락(Rak) 막(Mak) 박(Bak) 삭(Sak) 작(Jak) 착(Chak) 칵(Kak) 팍(Pak) 학(Hak)
60p	닫(Dat) 랃(Rat) 잗(Jat) 챁(Chat) 캍(Kat) 탇(Tat) 핟(Hat)
61p	닶(Dap) 맙(Map) 밥(Bap) 챂(Chap) 캅(Kap) 탑(Tap) 팝(Pap) 합(Hap)
62p	밭(Bat) 샅(Sat) 앝(At) 잩(Jat) 챁(Chat) 캍(Kat) 탙(Tat) 팥(Pat) 핱(Hat)

01 자음+겹모음(ㅐ)

[辅音+复合元音(ㅐ)]

월   일

자음+겹모음(ㅐ) [辅音+复合元音(ㅐ)]

다음 자음+겹모음(ㅐ)을 쓰는 순서에 맞게 따라 쓰세요.
(跟着下列正确笔顺练习书写辅音+复合元音（ㅐ）。)

자음+겹모음(ㅐ)	영어 표기	쓰기					
ㄱ+ㅐ	Gae	개					
ㄴ+ㅐ	Nae	내					
ㄷ+ㅐ	Dae	대					
ㄹ+ㅐ	Rae	래					
ㅁ+ㅐ	Mae	매					
ㅂ+ㅐ	Bae	배					
ㅅ+ㅐ	Sae	새					
ㅇ+ㅐ	Ae	애					
ㅈ+ㅐ	Jae	재					
ㅊ+ㅐ	Chae	채					
ㅋ+ㅐ	Kae	캐					
ㅌ+ㅐ	Tae	태					
ㅍ+ㅐ	Pae	패					
ㅎ+ㅐ	Hae	해					

제5장 자음과 겹모음 • 41

02 자음+겹모음(ㅔ)

[辅音+复合元音(ㅔ)]

월   일

자음+겹모음(ㅔ) [辅音+复合元音(ㅔ)]

다음 자음+겹모음(ㅔ)을 쓰는 순서에 맞게 따라 쓰세요.

(跟着下列正确笔顺练习书写辅音+复合元音(ㅔ)。)

자음+겹모음(ㅔ)	영어 표기	쓰기					
ㄱ+ㅔ	Ge	게					
ㄴ+ㅔ	Ne	네					
ㄷ+ㅔ	De	데					
ㄹ+ㅔ	Re	레					
ㅁ+ㅔ	Me	메					
ㅂ+ㅔ	Be	베					
ㅅ+ㅔ	Se	세					
ㅇ+ㅔ	E	에					
ㅈ+ㅔ	Je	제					
ㅊ+ㅔ	Che	체					
ㅋ+ㅔ	Ke	케					
ㅌ+ㅔ	Te	테					
ㅍ+ㅔ	Pe	페					
ㅎ+ㅔ	He	헤					

제5장 자음과 겹모음 • 41

자음+겹모음(ᅨ)

[辅音+复合元音(ᅨ)]

월   일

자음+겹모음(ᅨ) [辅音+复合元音(ᅨ)]

다음 자음+겹모음(ᅨ)을 쓰는 순서에 맞게 따라 쓰세요.
(跟着下列正确笔顺练习书写辅音+复合元音（ᅨ）。)

자음+겹모음(ᅨ)	영어 표기	쓰기					
ㄱ+ᅨ	Gye	계					
ㄴ+ᅨ	Nye	녜					
ㄷ+ᅨ	Dye	뎨					
ㄹ+ᅨ	Rye	례					
ㅁ+ᅨ	Mye	몌					
ㅂ+ᅨ	Bye	볘					
ㅅ+ᅨ	Sye	셰					
ㅇ+ᅨ	Ye	예					
ㅈ+ᅨ	Jye	졔					
ㅊ+ᅨ	Chye	쳬					
ㅋ+ᅨ	Kye	켸					
ㅌ+ᅨ	Tye	톄					
ㅍ+ᅨ	Pye	폐					
ㅎ+ᅨ	Hye	혜					

42 • 중국어를 사용하는 국민을 위한 기초 한글배우기
中文使用者基础韩文学习

04 자음+겹모음(ㅘ)

[辅音+复合元音(ㅘ)]

월   일

자음+겹모음(ㅘ) [辅音+复合元音 (ㅘ)]

다음 자음+겹모음(ㅘ)을 쓰는 순서에 맞게 따라 쓰세요.
(跟着下列正确笔顺练习书写辅音+复合元音 (ㅘ)。)

자음+겹모음(ㅘ)	영어 표기	쓰기					
ㄱ+ㅘ	Gwa	과					
ㄴ+ㅘ	Nwa	놔					
ㄷ+ㅘ	Dwa	돠					
ㄹ+ㅘ	Rwa	롸					
ㅁ+ㅘ	Mwa	뫄					
ㅂ+ㅘ	Bwa	봐					
ㅅ+ㅘ	Swa	솨					
ㅇ+ㅘ	Wa	와					
ㅈ+ㅘ	Jwa	좌					
ㅊ+ㅘ	Chwa	촤					
ㅋ+ㅘ	Kwa	콰					
ㅌ+ㅘ	Twa	톼					
ㅍ+ㅘ	Pwa	퐈					
ㅎ+ㅘ	Hwa	화					

05 자음+겹모음(ㅙ)

[辅音+复合元音(ㅙ)]

자음+겹모음(ㅙ) [辅音+复合元音 (ㅙ)]

다음 자음+겹모음(ㅙ)을 쓰는 순서에 맞게 따라 쓰세요.
(跟着下列正确笔顺练习书写辅音+复合元音 (ㅙ)。)

자음+겹모음(ㅙ)	영어 표기	쓰기					
ㄱ+ㅙ	Gwae	괘					
ㄴ+ㅙ	Nwae	놰					
ㄷ+ㅙ	Dwae	돼					
ㄹ+ㅙ	Rwae	뢔					
ㅁ+ㅙ	Mwae	뫠					
ㅂ+ㅙ	Bwae	봬					
ㅅ+ㅙ	Swae	쇄					
ㅇ+ㅙ	Wae	왜					
ㅈ+ㅙ	Jwae	좨					
ㅊ+ㅙ	Chwae	쵀					
ㅋ+ㅙ	Kwae	쾌					
ㅌ+ㅙ	Twae	퇘					
ㅍ+ㅙ	Pwae	퐤					
ㅎ+ㅙ	Hwae	홰					

06 자음+겹모음(ㅚ)
[辅音+复合元音(ㅚ)]

월   일

ᄃ자음+겹모음(ㅚ) [辅音+复合元音 (ㅚ)]

다음 자음+겹모음(ㅚ)을 쓰는 순서에 맞게 따라 쓰세요.
(跟着下列正确笔顺练习书写辅音+复合元音 (ㅚ)。)

자음+겹모음(ㅚ)	영어 표기	쓰기					
ㄱ+ㅚ	Goe	괴					
ㄴ+ㅚ	Noe	뇌					
ㄷ+ㅚ	Doe	되					
ㄹ+ㅚ	Roe	뢰					
ㅁ+ㅚ	Moe	뫼					
ㅂ+ㅚ	Boe	뵈					
ㅅ+ㅚ	Soe	쇠					
ㅇ+ㅚ	Oe	외					
ㅈ+ㅚ	Joe	죄					
ㅊ+ㅚ	Choe	최					
ㅋ+ㅚ	Koe	쾨					
ㅌ+ㅚ	Toe	퇴					
ㅍ+ㅚ	Poe	푀					
ㅎ+ㅚ	Hoe	회					

07 자음+겹모음(ㅝ)
[辅音+复合元音(ㅝ)]

월   일

자음+겹모음(ㅝ) [辅音+复合元音(ㅝ)]

다음 자음+겹모음(ㅝ)을 쓰는 순서에 맞게 따라 쓰세요.
(跟着下列正确笔顺练习书写辅音+复合元音（ㅝ）。)

자음+겹모음(ㅝ)	영어 표기	쓰기					
ㄱ+ㅝ	Gwo	궈					
ㄴ+ㅝ	Nwo	눠					
ㄷ+ㅝ	Dwo	둬					
ㄹ+ㅝ	Rwo	뤄					
ㅁ+ㅝ	Mwo	뭐					
ㅂ+ㅝ	Bwo	붜					
ㅅ+ㅝ	Swo	숴					
ㅇ+ㅝ	Wo	워					
ㅈ+ㅝ	Jwo	줘					
ㅊ+ㅝ	Chwo	춰					
ㅋ+ㅝ	Kwo	쿼					
ㅌ+ㅝ	Two	퉈					
ㅍ+ㅝ	Pwo	풔					
ㅎ+ㅝ	Hwo	훠					

08 자음+겹모음(ᅱ)

[辅音+复合元音(ᅱ)]

월 일

자음+겹모음(ᅱ) [辅音+复合元音 (ᅱ)]

다음 자음+겹모음(ᅱ)을 쓰는 순서에 맞게 따라 쓰세요.
(跟着下列正确笔顺练习书写辅音+复合元音 (ᅱ)。)

자음+겹모음(ᅱ)	영어 표기	쓰기						
ㄱ+ᅱ	Gwi	귀						
ㄴ+ᅱ	Nwi	뉘						
ㄷ+ᅱ	Dwi	뒤						
ㄹ+ᅱ	Rwi	뤼						
ㅁ+ᅱ	Mwi	뮈						
ㅂ+ᅱ	Bwi	뷔						
ㅅ+ᅱ	Swi	쉬						
ㅇ+ᅱ	Wi	위						
ㅈ+ᅱ	Jwi	쥐						
ㅊ+ᅱ	Chwi	취						
ㅋ+ᅱ	Kwi	퀴						
ㅌ+ᅱ	Twi	튀						
ㅍ+ᅱ	Pwi	퓌						
ㅎ+ᅱ	Hwi	휘						

09 자음+겹모음(ㅟ)
[辅音+复合元音(ㅟ)]

월   일

ㅌ 자음+겹모음(ㅟ) [辅音+复合元音 (ㅟ)]

다음 자음+겹모음(ㅟ)을 쓰는 순서에 맞게 따라 쓰세요.
(跟着下列正确笔顺练习书写辅音+复合元音 (ㅟ)。)

자음+겹모음(ㅟ)	영어 표기	쓰기							
ㄱ+ㅟ	Gwi	귀							
ㄴ+ㅟ	Nwi	늬							
ㄷ+ㅟ	Dwi	뒤							
ㄹ+ㅟ	Rwi	뤼							
ㅁ+ㅟ	Mwi	뮈							
ㅂ+ㅟ	Bwi	뷔							
ㅅ+ㅟ	Swi	쉬							
ㅇ+ㅟ	Wi	위							
ㅈ+ㅟ	Jwi	쥐							
ㅊ+ㅟ	Chwi	취							
ㅋ+ㅟ	Kwi	퀴							
ㅌ+ㅟ	Twi	튀							
ㅍ+ㅟ	Pwi	퓌							
ㅎ+ㅟ	Hwi	휘							

10 받침 ㄱ(기역)이 있는 글자
[有收音'ㄱ'(哥一厄)的字]

월   일

받침 ㄱ(기역) [收音'ㄱ'(哥一厄)]

다음 받침 ㄱ(기역)이 들어간 글자를 쓰는 순서에 맞게 따라 쓰세요.
(跟着下列正确笔顺练习书写有收音'ㄱ'(哥一厄) 的字。)

받침 ㄱ(기역)	영어 표기	쓰기					
가+ㄱ	Gak	각					
나+ㄱ	Nak	낙					
다+ㄱ	Dak	닥					
라+ㄱ	Rak	락					
마+ㄱ	Mak	막					
바+ㄱ	Bak	박					
사+ㄱ	Sak	삭					
아+ㄱ	Ak	악					
자+ㄱ	Jak	작					
차+ㄱ	Chak	착					
카+ㄱ	Kak	칵					
타+ㄱ	Tak	탁					
파+ㄱ	Pak	팍					
하+ㄱ	Hak	학					

⑪ 받침 ㄴ(니은)이 있는 글자
[有收音'ㄴ'(尼恩)的字]

받침 ㄴ(니은) [收音'ㄴ'(尼恩)]

다음 받침 ㄴ(니은)이 들어간 글자를 쓰는 순서에 맞게 따라 쓰세요.
(跟着下列正确笔顺练习书写有收音'ㄴ'(尼恩) 的字。)

받침 ㄴ(니은)	영어 표기	쓰기						
가+ㄴ	Gan	간						
나+ㄴ	Nan	난						
다+ㄴ	Dan	단						
라+ㄴ	Ran	란						
마+ㄴ	Man	만						
바+ㄴ	Ban	반						
사+ㄴ	San	산						
아+ㄴ	An	안						
자+ㄴ	Jan	잔						
차+ㄴ	Chan	찬						
카+ㄴ	Kan	칸						
타+ㄴ	Tan	탄						
파+ㄴ	Pan	판						
하+ㄴ	Han	한						

50 ● 중국어를 사용하는 국민을 위한 기초 한글배우기
中文使用者基础韩文学习

12 받침 ㄷ(디귿)이 있는 글자

[有收音'ㄷ'(迪个的)的字]

월   일

ㄷ 받침 ㄷ(디귿) [收音'ㄷ'(迪个的)]

다음 받침 ㄷ(디귿)이 들어간 글자를 쓰는 순서에 맞게 따라 쓰세요.
(跟着下列正确笔顺练习书写有收音'ㄷ'(迪个的) 的字。)

받침 ㄷ(디귿)	영어 표기	쓰기					
가+ㄷ	Gat	갇					
나+ㄷ	Nat	낟					
다+ㄷ	Dat	닫					
라+ㄷ	Rat	랃					
마+ㄷ	Mat	맏					
바+ㄷ	Bat	받					
사+ㄷ	Sat	삳					
아+ㄷ	At	앋					
자+ㄷ	Jat	잗					
차+ㄷ	Chat	찯					
카+ㄷ	Kat	칻					
타+ㄷ	Tat	탇					
파+ㄷ	Pat	팓					
하+ㄷ	Hat	핟					

13 받침 ㄹ(리을)이 있는 글자

[有收音 'ㄹ'(里尔)的字]

월   일

받침 ㄹ(리을) [收音 'ㄹ'(里尔)]

다음 받침 ㄹ(리을)이 들어간 글자를 쓰는 순서에 맞게 따라 쓰세요.

(跟着下列正确笔顺练习书写有收音 'ㄹ'(里尔) 的字。)

받침 ㄹ(리을)	영어 표기	쓰기					
가+ㄹ	Gal	갈					
나+ㄹ	Nal	날					
다+ㄹ	Dal	달					
라+ㄹ	Ral	랄					
마+ㄹ	Mal	말					
바+ㄹ	Bal	발					
사+ㄹ	Sal	살					
아+ㄹ	Al	알					
자+ㄹ	Jal	잘					
차+ㄹ	Chal	찰					
카+ㄹ	Kal	칼					
타+ㄹ	Tal	탈					
파+ㄹ	Pal	팔					
하+ㄹ	Hal	할					

14 받침 ㅁ(미음)이 있는 글자

[有收音 'ㅁ'(米恩)的字]

월   일

받침 ㅁ(미음) [收音 'ㅁ'(米恩)]

다음 받침 ㅁ(미음)이 들어간 글자를 쓰는 순서에 맞게 따라 쓰세요.
(跟着下列正确笔顺练习书写有收音 'ㅁ'(米恩) 的字。)

받침 ㅁ(미음)	영어 표기	쓰기						
가+ㅁ	Gam	감						
나+ㅁ	Nam	남						
다+ㅁ	Dam	담						
라+ㅁ	Ram	람						
마+ㅁ	Mam	맘						
바+ㅁ	Bam	밤						
사+ㅁ	Sam	삼						
아+ㅁ	Am	암						
자+ㅁ	Jam	잠						
차+ㅁ	Cham	참						
카+ㅁ	Kam	캄						
타+ㅁ	Tam	탐						
파+ㅁ	Pam	팜						
하+ㅁ	Ham	함						

15 받침 ㅂ(비읍)이 있는 글자

[有收音'ㅂ'(逼厄卜)的字]

월   일

받침 ㅂ(비읍) [收音'ㅂ'(逼厄卜)]

다음 받침 ㅂ(비읍)이 들어간 글자를 쓰는 순서에 맞게 따라 쓰세요.
(跟着下列正确笔顺练习书写有收音'ㅂ'(逼厄卜)的字。)

받침 ㅂ(비읍)	영어 표기	쓰기					
가+ㅂ	Gap	갑					
나+ㅂ	Nap	납					
다+ㅂ	Dap	답					
라+ㅂ	Rap	랍					
마+ㅂ	Map	맙					
바+ㅂ	Bap	밥					
사+ㅂ	Sap	삽					
아+ㅂ	Ap	압					
자+ㅂ	Jap	잡					
차+ㅂ	Chap	찹					
카+ㅂ	Kap	캅					
타+ㅂ	Tap	탑					
파+ㅂ	Pap	팝					
하+ㅂ	Hap	합					

16 받침 ㅅ(시옷)이 있는 글자

[有收音 'ㅅ'(西奥的)的字]

월   일

받침 ㅅ(시옷) [收音 'ㅅ'(西奥的)]

다음 받침 ㅅ(시옷)이 들어간 글자를 쓰는 순서에 맞게 따라 쓰세요.
(跟着下列正确笔顺练习书写有收音 'ㅅ'(西奥的) 的字。)

받침 ㅅ(시옷)	영어 표기	쓰기					
가+ㅅ	Gat	갓					
나+ㅅ	Nat	낫					
다+ㅅ	Dat	닷					
라+ㅅ	Rat	랏					
마+ㅅ	Mat	맛					
바+ㅅ	Bat	밧					
사+ㅅ	Sat	삿					
아+ㅅ	At	앗					
자+ㅅ	Jat	잣					
차+ㅅ	Chat	찻					
카+ㅅ	Kat	캇					
타+ㅅ	Tat	탓					
파+ㅅ	Pat	팟					
하+ㅅ	Hat	핫					

17 받침 ㅇ(이응)이 있는 글자

[有收音'ㅇ'(一鞥)的字]

월 일

받침 ㅇ(이응) [收音'ㅇ'(一鞥)]

다음 받침 ㅇ(이응)이 들어간 글자를 쓰는 순서에 맞게 따라 쓰세요.
(跟着下列正确笔顺练习书写有收音'ㅇ'(一鞥) 的字。)

받침 ㅇ(이응)	영어 표기	쓰기						
가+ㅇ	Gang	강						
나+ㅇ	Nang	낭						
다+ㅇ	Dang	당						
라+ㅇ	Rang	랑						
마+ㅇ	Mang	망						
바+ㅇ	Bang	방						
사+ㅇ	Sang	상						
아+ㅇ	Ang	앙						
자+ㅇ	Jang	장						
차+ㅇ	Chang	창						
카+ㅇ	Kang	캉						
타+ㅇ	Tang	탕						
파+ㅇ	Pang	팡						
하+ㅇ	Hang	항						

받침 ㅈ(지읒)이 있는 글자

[有收音'ㅈ'(机厄的)的字]

월   일

받침 ㅈ(지읒) [收音'ㅈ'(机厄的)]

다음 받침 ㅈ(지읒)이 들어간 글자를 쓰는 순서에 맞게 따라 쓰세요.
(跟着下列正确笔顺练习书写有收音'ㅈ'(机厄的) 的字。)

받침 ㅈ(지읒)	영어 표기	쓰기				
가+ㅈ	Gat	갗				
나+ㅈ	Nat	낮				
다+ㅈ	Dat	닺				
라+ㅈ	Rat	랒				
마+ㅈ	Mat	맞				
바+ㅈ	Bat	밪				
사+ㅈ	Sat	샂				
아+ㅈ	At	앚				
자+ㅈ	Jat	잦				
차+ㅈ	Chat	찾				
카+ㅈ	Kat	캊				
타+ㅈ	Tat	탗				
파+ㅈ	Pat	팢				
하+ㅈ	Hat	핫				

19 받침 ㅊ(치읓)이 있는 글자
[有收音'ㅊ'(漆厄的)的字]

월   일

받침 ㅊ(치읓) [收音'ㅊ'(漆厄的)]

다음 받침 ㅊ(치읓)이 들어간 글자를 쓰는 순서에 맞게 따라 쓰세요.
(跟着下列正确笔顺练习书写有收音'ㅊ'(漆厄的)的字。)

받침 ㅊ(치읓)	영어 표기	쓰기					
가+ㅊ	Gat	갗					
나+ㅊ	Nat	낮					
다+ㅊ	Dat	닻					
라+ㅊ	Rat	랓					
마+ㅊ	Mat	맞					
바+ㅊ	Bat	밫					
사+ㅊ	Sat	샃					
아+ㅊ	At	앛					
자+ㅊ	Jat	잦					
차+ㅊ	Chat	챷					
카+ㅊ	Kat	캋					
타+ㅊ	Tat	탖					
파+ㅊ	Pat	팣					
하+ㅊ	Hat	핫					

20 받침 ㅋ(키읔)이 있는 글자
[有收音'ㅋ'(科一厄的)的字]

월   일

ㄷ 받침 ㅋ(키읔) [收音'ㅋ'(科一厄的)]

다음 받침 ㅋ(키읔)이 들어간 글자를 쓰는 순서에 맞게 따라 쓰세요.
(跟着下列正确笔顺练习书写有收音'ㅋ'(科一厄的) 的字。)

받침 ㅋ(키읔)	영어 표기	쓰기				
가+ㅋ	Gak	각				
나+ㅋ	Nak	낙				
다+ㅋ	Dak	닥				
라+ㅋ	Rak	락				
마+ㅋ	Mak	막				
바+ㅋ	Bak	박				
사+ㅋ	Sak	삭				
아+ㅋ	Ak	악				
자+ㅋ	Jak	작				
차+ㅋ	Chak	착				
카+ㅋ	Kak	칵				
타+ㅋ	Tak	탁				
파+ㅋ	Pak	팍				
하+ㅋ	Hak	학				

21 받침 ㅌ(티읕)이 있는 글자

[有收音'ㅌ'(踢厄的)的字]

월　일

받침 ㅌ(티읕) [收音'ㅌ'(踢厄的)]

다음 받침 ㅌ(티읕)이 들어간 글자를 쓰는 순서에 맞게 따라 쓰세요.
(跟着下列正确笔顺练习书写有收音'ㅌ'(踢厄的) 的字。)

받침 ㅌ(티읕)	영어 표기	쓰기					
가+ㅌ	Gat	갇					
나+ㅌ	Nat	낱					
다+ㅌ	Dat	닽					
라+ㅌ	Rat	랕					
마+ㅌ	Mat	맡					
바+ㅌ	Bat	밭					
사+ㅌ	Sat	샅					
아+ㅌ	At	앝					
자+ㅌ	Jat	잩					
차+ㅌ	Chat	챁					
카+ㅌ	Kat	캍					
타+ㅌ	Tat	탙					
파+ㅌ	Pat	팥					
하+ㅌ	Hat	핱					

22 받침 ㅍ(피읖)이 있는 글자
[有收音'ㅍ'(批厄的)的字]

월   일

⚡ 받침 ㅍ(피읖) [收音'ㅍ'(批厄的)]

다음 받침 ㅍ(피읖)이 들어간 글자를 쓰는 순서에 맞게 따라 쓰세요.
(跟着下列正确笔顺练习书写有收音'ㅍ'(批厄的) 的字。)

받침 ㅍ(피읖)	영어 표기	쓰기					
가+ㅍ	Gap	갚					
나+ㅍ	Nap	낲					
다+ㅍ	Dap	닾					
라+ㅍ	Rap	랖					
마+ㅍ	Map	맢					
바+ㅍ	Bap	밮					
사+ㅍ	Sap	샆					
아+ㅍ	Ap	앞					
자+ㅍ	Jap	잪					
차+ㅍ	Chap	챂					
카+ㅍ	Kap	캎					
타+ㅍ	Tap	탚					
파+ㅍ	Pap	팦					
하+ㅍ	Hap	핲					

23 받침 ㅎ(히읗)이 있는 글자

[有收音'ㅎ'(呵一厄的)的字]

월   일

받침 ㅎ(히읗) [收音'ㅎ'(呵一厄的)]

다음 받침 ㅎ(히읗)이 들어간 글자를 쓰는 순서에 맞게 따라 쓰세요.
(跟着下列正确笔顺练习书写有收音'ㅎ'(呵一厄的) 的字。)

받침 ㅎ(히읗)	영어 표기	쓰기					
가+ㅎ	Gat	갛					
나+ㅎ	Nat	낳					
다+ㅎ	Dat	닿					
라+ㅎ	Rat	랗					
마+ㅎ	Mat	맣					
바+ㅎ	Bat	밯					
사+ㅎ	Sat	샇					
아+ㅎ	At	앟					
자+ㅎ	Jat	잫					
차+ㅎ	Chat	챃					
카+ㅎ	Kat	캏					
타+ㅎ	Tat	탛					
파+ㅎ	Pat	팧					
하+ㅎ	Hat	핳					

제6장

주제별
낱말

第六章 主题单词

01 과일 [水果]

월 　 일

■ 다음을 쓰는 순서에 맞게 따라 쓰세요.
 (跟着下列正确笔顺练习书写单词。)

사	과					
배						
바	나	나				
딸	기					
토	마	토				

사과 苹果

배 梨

바나나 香蕉

딸기 草莓

토마토 番茄

과일 [水果]

월   일

■ 다음을 쓰는 순서에 맞게 따라 쓰세요.
  (跟着下列正确笔顺练习书写单词。)

수	박					

수박 西瓜

복	숭	아				

복숭아 桃

오	렌	지				

오렌지 橙子

귤						

귤 橘子

키	위					

키위 猕猴桃

01 과일 [水果]

■ 다음을 쓰는 순서에 맞게 따라 쓰세요.
  (跟着下列正确笔顺练习书写单词。)

참	외				

참외 香瓜

파	인	애	플		

파인애플 菠萝

레	몬				

레몬 柠檬

감					

감 柿子

포	도				

포도 葡萄

O2 동물 [动物]

월   일

■ 다음을 쓰는 순서에 맞게 따라 쓰세요.
(跟着下列正确笔顺练习书写单词。)

타 조							

타조 鸵鸟

호 랑 이							

호랑이 老虎

사 슴							

사슴 鹿

고 양 이							

고양이 猫

여 우							

여우 狐狸

동물 [动物]

월   일

■ 다음을 쓰는 순서에 맞게 따라 쓰세요.
(跟着下列正确笔顺练习书写单词。)

사	자					

사자 狮子

코	끼	리				

코끼리 大象

돼	지					

돼지 猪

강	아	지				

강아지 小狗

토	끼					

토끼 兔子

O2

동물 [动物]

월   일

■ 다음을 쓰는 순서에 맞게 따라 쓰세요.
  (跟着下列正确笔顺练习书写单词。)

기 린							
곰							
원 숭 이							
너 구 리							
거 북 이							

기린 长颈鹿

곰 熊

원숭이 猴子

너구리 浣熊

거북이 龟

제6장 주제별 낱말 • **69**

03 채소 [蔬菜]

월 일

■ 다음을 쓰는 순서에 맞게 따라 쓰세요.
(跟着下列正确笔顺练习书写单词。)

배	추						
당	근						
마	늘						
시	금	치					
미	나	리					

배추 白菜

당근 胡萝卜

마늘 蒜

시금치 菠菜

미나리 水芹

채소 [蔬菜]

월   일

■ 다음을 쓰는 순서에 맞게 따라 쓰세요.
(跟着下列正确笔顺练习书写单词。)

무						
상 추						
양 파						
부 추						
감 자						

무 萝卜

상추 生菜

양파 洋葱

부추 韭菜

감자 土豆

03 채소 [蔬菜]

월   일

■ 다음을 쓰는 순서에 맞게 따라 쓰세요.
  (跟着下列正确笔顺练习书写单词。)

오	이					
파						
가	지					
고	추					
양	배	추				

오이 黄瓜

파 葱

가지 茄子

고추 辣椒

양배추 圆白菜

04 직업 [职业]

■ 다음을 쓰는 순서에 맞게 따라 쓰세요.
 (跟着下列正确笔顺练习书写单词。)

경	찰	관			
소	방	관			
요	리	사			
환	경	미	화	원	
화	가				

경찰관 警察

소방관 消防员

요리사 厨师

환경미화원 清洁工

화가 画家

직업 [职业]

■ 다음을 쓰는 순서에 맞게 따라 쓰세요.
　(跟着下列正确笔顺练习书写单词。)

간	호	사				

간호사 护士

회	사	원				

회사원 上班族

미	용	사				

미용사 美发师

가	수					

가수 歌手

소	설	가				

소설가 小说家

직업 [职业]

월   일

■ 다음을 쓰는 순서에 맞게 따라 쓰세요.
　(跟着下列正确笔顺练习书写单词。)

의 사					
선 생 님					
주 부					
운 동 선 수					
우 편 집 배 원					

의사 医生

선생님 老师

주부 家庭主妇

운동선수 运动员

우편집배원 邮递员

음식 [食物]

월   일

■ 다음을 쓰는 순서에 맞게 따라 쓰세요.
　(跟着下列正确笔顺练习书写单词。)

김	치	찌	개			

김치찌개 辛奇汤

미	역	국				

미역국 海带汤

김	치	볶	음	밥		

김치볶음밥 辛奇炒饭

돈	가	스				

돈가스 炸猪排

국	수					

국수 面条

음식 [食物]

월   일

■ 다음을 쓰는 순서에 맞게 따라 쓰세요.
　(跟着下列正确笔顺练习书写单词。)

된	장	찌	개					

된장찌개 大酱汤

불	고	기						

불고기 烤牛肉

김	밥							

김밥 紫菜包饭

라	면							

라면 方便面

떡								

떡 年糕

05

음식 [食物]

■ 다음을 쓰는 순서에 맞게 따라 쓰세요.
(跟着下列正确笔顺练习书写单词。)

순	두	부	찌	개		
비	빔	밥				
만	두					
피	자					
케	이	크				

순두부찌개 嫩豆腐锅

비빔밥 拌饭

만두 饺子

피자 披萨

케이크 蛋糕

위치 [方位]

월   일

■ 다음을 쓰는 순서에 맞게 따라 쓰세요.
  (跟着下列正确笔顺练习书写单词。)

앞						
뒤						
위						
아	래					
오	른	쪽				

앞 前

뒤 后

위 上

아래 下

오른쪽 右

06 위치 [方位]

월   일

■ 다음을 쓰는 순서에 맞게 따라 쓰세요.
(跟着下列正确笔顺练习书写单词。)

왼	쪽					
옆						
안						
밖						
밑						

왼쪽 左

옆 旁

안 内

밖 外

밑 底下

06 위치 [方位]

월 일

■ 다음을 쓰는 순서에 맞게 따라 쓰세요.
(跟着下列正确笔顺练习书写单词。)

사이 之间

사	이					

동쪽 东

동	쪽					

서쪽 西

서	쪽					

남쪽 南

남	쪽					

북쪽 北

북	쪽					

07

탈것 [交通工具]

■ 다음을 쓰는 순서에 맞게 따라 쓰세요.
  (跟着下列正确笔顺练习书写单词。)

버 스					
비 행 기					
배					
오 토 바 이					
소 방 차					

버스 公交车

비행기 飞机

배 船

오토바이 摩托车

소방차 消防车

07 탈것 [交通工具]

월　　일

■ 다음을 쓰는 순서에 맞게 따라 쓰세요.
　(跟着下列正确笔顺练习书写单词。)

자	동	차						

자동차 汽车

지	하	철						

지하철 地铁

기	차							

기차 火车

헬	리	콥	터					

헬리콥터 直升飞机

포	클	레	인					

포클레인 挖掘机

07

탈것 [交通工具]

월   일

■ 다음을 쓰는 순서에 맞게 따라 쓰세요.
(跟着下列正确笔顺练习书写单词。)

택	시					
자	전	거				
트	럭					
구	급	차				
기	구					

택시 出租车

자전거 自行车

트럭 卡车

구급차 救护车

기구 热气球

O8 장소 [场所]

월   일

■ 다음을 쓰는 순서에 맞게 따라 쓰세요.
  (跟着下列正确笔顺练习书写单词。)

집						
학	교					
백	화	점				
우	체	국				
약	국					

집 家

학교 学校

백화점 百货商店

우체국 邮局

약국 药店

장소 [场所]

월   일

■ 다음을 쓰는 순서에 맞게 따라 쓰세요.
　(跟着下列正确笔顺练习书写单词。)

시 장					
식 당					
슈 퍼 마 켓					
서 점					
공 원					

시장 市场

식당 餐厅

슈퍼마켓 超市

서점 书店

공원 公园

장소 [场所]

■ 다음을 쓰는 순서에 맞게 따라 쓰세요.
  (跟着下列正确笔顺练习书写单词。)

은 행						
병 원						
문 구 점						
미 용 실						
극 장						

은행 银行

병원 医院

문구점 文具店

미용실 美发厅

극장 剧院

계절, 날씨 [季节、天气]

월   일

■ 다음을 쓰는 순서에 맞게 따라 쓰세요.
　(跟着下列正确笔顺练习书写单词。)

봄					
여름					
가을					
겨울					
맑다					

봄 春

여름 夏

가을 秋

겨울 冬

맑다 晴朗

09 계절, 날씨 [季节、天气]

월   일

■ 다음을 쓰는 순서에 맞게 따라 쓰세요.
   (跟着下列正确笔顺练习书写单词。)

흐리다		
바람이 분다		
비가 온다		
비가 그친다		
눈이 온다		

흐리다 阴天

바람이 분다 刮风

비가 온다 下雨

비가 그친다 雨停

눈이 온다 下雪

09 계절, 날씨 [季节、天气]

월   일

■ 다음을 쓰는 순서에 맞게 따라 쓰세요.
　(跟着下列正确笔顺练习书写单词。)

구	름	이		낀	다	

구름이 낀다 多云

덥	다					

덥다 热

춥	다					

춥다 冷

따	뜻	하	다			

따뜻하다 温暖

시	원	하	다			

시원하다 凉爽

90 • 중국어를 사용하는 국민을 위한 기초 한글배우기
中文使用者基础韩文学习

10 집 안의 사물 [日常生活]

월 일

■ 다음을 쓰는 순서에 맞게 따라 쓰세요.
　(跟着下列正确笔顺练习书写单词。)

소	파						

소파 沙发

욕	조						

욕조 浴缸

거	울						

거울 镜子

샤	워	기					

샤워기 淋浴器

변	기						

변기 马桶

집 안의 사물 [日常生活]

월 일

■ 다음을 쓰는 순서에 맞게 따라 쓰세요.
（跟着下列正确笔顺练习书写单词。）

싱	크	대				

싱크대 水槽

부	엌					

부엌 厨房

거	실					

거실 客厅

안	방					

안방 主卧

옷	장					

옷장 衣柜

집 안의 사물 [日常生活]

월   일

■ 다음을 쓰는 순서에 맞게 따라 쓰세요.
　(跟着下列正确笔顺练习书写单词。)

화	장	대				
식	탁					
책	장					
작	은	방				
침	대					

화장대 化妆桌

식탁 餐桌

책장 书桌

작은방 次卧

침대 床

11 가족 명칭 [家庭成员名称]

월   일

■ 다음을 쓰는 순서에 맞게 따라 쓰세요.
(跟着下列正确笔顺练习书写单词。)

할	머	니				

할머니 奶奶(姥姥)

할	아	버	지			

할아버지 爷爷(姥爷)

아	버	지				

아버지 爸爸

어	머	니				

어머니 妈妈

오	빠					

오빠 哥哥(女生用)

11

가족 명칭 [家庭成员名称]

월 일

■ 다음을 쓰는 순서에 맞게 따라 쓰세요.
(跟着下列正确笔顺练习书写单词。)

형						
나						
남	동	생				
여	동	생				
언	니					

형 哥哥(男生用)

나 我

남동생 弟弟

여동생 妹妹

언니 姐姐(女生用)

11 가족 명칭 [家庭成员名称]

■ 다음을 쓰는 순서에 맞게 따라 쓰세요.
　(跟着下列正确笔顺练习书写单词。)

누	나						

누나 姐姐(男生用)

삼	촌						

삼촌 叔叔

고	모						

고모 姑姑

이	모						

이모 姨

이	모	부					

이모부 姨夫

12 학용품 [学习用品]

월 일

■ 다음을 쓰는 순서에 맞게 따라 쓰세요.
(跟着下列正确笔顺练习书写单词。)

공책 练习本

스케치북 素描本

색연필 彩色铅笔

가위 剪刀

풀 胶水

공	책					
스	케	치	북			
색	연	필				
가	위					
풀						

12

학용품 [学习用品]

월 일

■ 다음을 쓰는 순서에 맞게 따라 쓰세요.
(跟着下列正确笔顺练习书写单词。)

일기장 日记本

연필 铅笔

칼 刀

물감 颜料

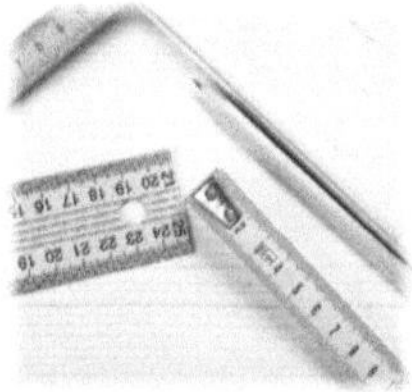

자 尺子

일	기	장					
연	필						
칼							
물	감						
자							

학용품 [学习用品]

월 일

■ 다음을 쓰는 순서에 맞게 따라 쓰세요.
(跟着下列正确笔顺练习书写单词。)

색	종	이			
사	인	펜			
크	레	파	스		
붓					
지	우	개			

색종이 彩纸

사인펜 签字笔

크레파스 蜡笔

붓 毛笔

지우개 橡皮

꽃 [花]

월   일

■ 다음을 쓰는 순서에 맞게 따라 쓰세요.
  (跟着下列正确笔顺练习书写单词。)

장	미					
진	달	래				
민	들	레				
나	팔	꽃				
맨	드	라	미			

장미 玫瑰

진달래 杜鹃花

민들레 蒲公英

나팔꽃 喇叭花

맨드라미 鸡冠花

13 꽃 [花]

■ 다음을 쓰는 순서에 맞게 따라 쓰세요.
(跟着下列正确笔顺练习书写单词。)

개	나	리				

개나리 连翘

벚	꽃					

벚꽃 櫻花

채	송	화				

채송화 草杜鵑

국	화					

국화 菊花

무	궁	화				

무궁화 木槿花

13

꽃 [花]

월   일

■ 다음을 쓰는 순서에 맞게 따라 쓰세요.
(跟着下列正确笔顺练习书写单词。)

튤	립				
봉	숭	아			
해	바	라	기		
카	네	이	션		
코	스	모	스		

튤립 郁金香

봉숭아 桃花

해바라기 向日葵

카네이션 康乃馨

코스모스 大波斯菊

14 나라 이름 [国家名称]

월 일

■ 다음을 쓰는 순서에 맞게 따라 쓰세요.
(跟着下列正确笔顺练习书写单词。)

한	국				

한국 韩国

필	리	핀			

필리핀 菲律宾

일	본				

일본 日本

캄	보	디	아		

캄보디아 柬埔寨

아	프	가	니	스	탄

아프가니스탄 阿富汗

제6장 주제별 낱말 • 103

14 나라 이름 [国家名称]

■ 다음을 쓰는 순서에 맞게 따라 쓰세요.
(跟着下列正确笔顺练习书写单词。)

중국						

중국 中国

태국						

태국 泰国

베트남						

베트남 越南

인도						

인도 印度

영국						

영국 英国

14 나라 이름 [国家名称]

월 일

■ 다음을 쓰는 순서에 맞게 따라 쓰세요.
(跟着下列正确笔顺练习书写单词。)

미국							

미국 美国

몽골							

몽골 蒙古

우	즈	베	키	스	탄		

우즈베키스탄 乌兹别克斯坦

러	시	아					

러시아 俄罗斯

캐	나	다					

캐나다 加拿大

15 악기 [乐器]

월   일

■ 다음을 쓰는 순서에 맞게 따라 쓰세요.
(跟着下列正确笔顺练习书写单词。)

기 타						
북						
트 라 이 앵 글						
하 모 니 카						
징						

기타 吉他

북 鼓

트라이앵글 三角铁

하모니카 口琴

징 锣

악기 [乐器]

월   일

■ 다음을 쓰는 순서에 맞게 따라 쓰세요.
 (跟着下列正确笔顺练习书写单词。)

피	아	노			
탬	버	린			
나	팔				
장	구				
소	고				

피아노 钢琴

탬버린 铃鼓

나팔 喇叭

장구 长鼓

소고 小鼓

악기 [乐器]

■ 다음을 쓰는 순서에 맞게 따라 쓰세요.
  (跟着下列正确笔顺练习书写单词。)

피	리						

피리 笛子

실	로	폰					

실로폰 木琴

바	이	올	린				

바이올린 小提琴

꽹	과	리					

꽹과리 小锣

가	야	금					

가야금 伽倻琴

 16 옷 [衣服]

■ 다음을 쓰는 순서에 맞게 따라 쓰세요.
　(跟着下列正确笔顺练习书写单词。)

티	셔	츠				

티셔츠 T恤

바	지					

바지 裤子

점	퍼					

점퍼 夹克

정	장					

정장 正装

와	이	셔	츠			

와이셔츠 白衬衫

옷 [衣服]

■ 다음을 쓰는 순서에 맞게 따라 쓰세요.
(跟着下列正确笔顺练习书写单词。)

반	바	지			
코	트				
교	복				
블	라	우	스		
청	바	지			

반바지 短裤

코트 大衣

교복 校服

블라우스 女士衬衫

청바지 牛仔裤

16 옷 [衣服]

월   일

■ 다음을 쓰는 순서에 맞게 따라 쓰세요.
  (跟着下列正确笔顺练习书写单词。)

양 복						
작 업 복						
스 웨 터						
치 마						
한 복						

양복 西裝

작업복 工作服

스웨터 毛衣

치마 短裙

한복 韓服

17

색깔 [颜色]

월   일

■ 다음을 쓰는 순서에 맞게 따라 쓰세요.
　(跟着下列正确笔顺练习书写单词。)

빨	간	색				

빨간색 红色

주	황	색				

주황색 橘黄色

초	록	색				

초록색 绿色

노	란	색				

노란색 黄色

파	란	색				

파란색 蓝色

17 색깔 [颜色]

월   일

■ 다음을 쓰는 순서에 맞게 따라 쓰세요.
  (跟着下列正确笔顺练习书写单词。)

보	라	색

보라색 紫色

분	홍	색

분홍색 粉红色

하	늘	색

하늘색 天蓝色

갈	색	

갈색 褐色

검	은	색

검은색 黑色

취미 [兴趣爱好]

■ 다음을 쓰는 순서에 맞게 따라 쓰세요.
　(跟着下列正确笔顺练习书写单词。)

요 리					
노 래					
등 산					
영 화 감 상					
낚 시					

요리 烹饪

노래 唱歌

등산 爬山

영화감상 看电影

낚시 钓鱼

18 **취미** [兴趣爱好]

■ 다음을 쓰는 순서에 맞게 따라 쓰세요.
(跟着下列正确笔顺练习书写单词。)

음악감상 欣赏音乐

음 악 감 상

게임 游戏

게 임

드라이브 开车兜风

드 라 이 브

여행 旅游

여 행

독서 读书

독 서

취미 [兴趣爱好]

월   일

■ 다음을 쓰는 순서에 맞게 따라 쓰세요.
(跟着下列正确笔顺练习书写单词。)

쇼	핑						

쇼핑 购物

운	동						

운동 运动

수	영						

수영 游泳

사	진	촬	영				

사진촬영 拍照

악	기	연	주				

악기연주 演奏乐器

19 운동 [运动]

월 일

■ 다음을 쓰는 순서에 맞게 따라 쓰세요.
(跟着下列正确笔顺练习书写单词。)

야 구						
배 구						
축 구						
탁 구						
농 구						

야구 棒球

배구 排球

축구 足球

탁구 乒乓球

농구 篮球

⑲ 운동 [运动]

■ 다음을 쓰는 순서에 맞게 따라 쓰세요.
  (跟着下列正确笔顺练习书写单词。)

골 프						
스 키						
수 영						
권 투						
씨 름						

골프 高尔夫球

스키 滑雪

수영 游泳

권투 拳击

씨름 角力

19 운동 [运动]

■ 다음을 쓰는 순서에 맞게 따라 쓰세요.
  (跟着下列正确笔顺练习书写单词。)

테	니	스				

테니스 网球

레	슬	링				

레슬링 摔跤

태	권	도				

태권도 跆拳道

배	드	민	턴			

배드민턴 羽毛球

스	케	이	트			

스케이트 滑冰

20 움직임 말(1) [动词(1)]

월 일

■ 다음을 쓰는 순서에 맞게 따라 쓰세요.
(跟着下列正确笔顺练习书写单词。)

가다 去	가	다			
오다 来	오	다			
먹다 吃	먹	다			
사다 买	사	다			
읽다 读	읽	다			

움직임 말(1) [动词 (1)]

월   일

■ 다음을 쓰는 순서에 맞게 따라 쓰세요.
  (跟着下列正确笔顺练习书写单词。)

씻다					
자다					
보다					
일하다					
만나다					

씻다 洗

자다 睡

보다 看

일하다 工作

만나다 见面

20 움직임 말(1) [动词 (1)]

■ 다음을 쓰는 순서에 맞게 따라 쓰세요.
(跟着下列正确笔顺练习书写单词。)

마	시	다				

마시다 喝

빨	래	하	다			

빨래하다 洗衣服

청	소	하	다			

청소하다 打扫

요	리	하	다			

요리하다 烹饪

공	부	하	다			

공부하다 学习

21 움직임 말(2) [动词 (2)]

월 일

■ 다음을 쓰는 순서에 맞게 따라 쓰세요.
　(跟着下列正确笔顺练习书写单词。)

공	을		차	다		

공을 차다 踢球

이	를		닦	다		

이를 닦다 刷牙

목	욕	을		하	다	

목욕을 하다 泡澡

세	수	를		하	다	

세수를 하다 洗漱

등	산	을		하	다	

등산을 하다 爬山

제6장 주제별 낱말 • **123**

움직임 말(2) [动词 (2)]

월   일

■ 다음을 쓰는 순서에 맞게 따라 쓰세요.
  (跟着下列正确笔顺练习书写单词。)

머	리	를		감	다		

머리를 감다 洗头

영	화	를		보	다		

영화를 보다 看电影

공	원	에		가	다		

공원에 가다 去公园

여	행	을		하	다		

여행을 하다 旅游

산	책	을		하	다		

산책을 하다 散步

21 움직임 말(2) [动词 (2)]

월   일

■ 다음을 쓰는 순서에 맞게 따라 쓰세요.
　(跟着下列正确笔顺练习书写单词。)

수	영	을		하	다	

수영을 하다 游泳

쇼	핑	을		하	다	

쇼핑을 하다 购物

사	진	을		찍	다	

사진을 찍다 拍照

샤	워	를		하	다	

샤워를 하다 洗澡

이	야	기	를		하	다

이야기를 하다 说话

움직임 말(3) [动词 (3)]

월   일

■ 다음을 쓰는 순서에 맞게 따라 쓰세요.
　(跟着下列正确笔顺练习书写单词。)

놀 다						
자 다						
쉬 다						
쓰 다						
듣 다						

놀다 玩

자다 睡

쉬다 休息

쓰다 写

듣다 听

22 움직임 말(3) [动词 (3)]

■ 다음을 쓰는 순서에 맞게 따라 쓰세요.
  (跟着下列正确笔顺练习书写单词。)

닫 다						
켜 다						
서 다						
앉 다						
끄 다						

닫다 关(门)

켜다 开(灯)

서다 站

앉다 坐

끄다 关(灯)

22 움직임 말(3) [动词 (3)]

월   일

■ 다음을 쓰는 순서에 맞게 따라 쓰세요.
  (跟着下列正确笔顺练习书写单词。)

열	다					

열다 开(窗)

나	오	다				

나오다 出来

배	우	다				

배우다 学习

들	어	가	다			

들어가다 进去

가	르	치	다			

가르치다 教

22 움직임 말(3) [动词 (3)]

월 일

■ 다음을 쓰는 순서에 맞게 따라 쓰세요.
(跟着下列正确笔顺练习书写单词。)

부	르	다				

부르다 叫

달	리	다				

달리다 跑

기	다					

기다 爬

날	다					

날다 飞

긁	다					

긁다 挠

22

움직임 말(3) [动词 (3)]

월   일

■ 다음을 쓰는 순서에 맞게 따라 쓰세요.
　(跟着下列正确笔顺练习书写单词。)

찍	다				
벌	리	다			
키	우	다			
갈	다				
닦	다				

찍다 拍

벌리다 张开

키우다 养

갈다 换

닦다 擦

23 세는 말(단위) [数数(量词)]

월　일

■ 다음을 쓰는 순서에 맞게 따라 쓰세요.
　(跟着下列正确笔顺练习书写单词。)

개						
대						
척						
송이						
그루						

개 个

대 台

척 艘

송이 串

그루 棵

②③

세는 말(단위) [数数(量词)]

월   일

■ 다음을 쓰는 순서에 맞게 따라 쓰세요.
　(跟着下列正确笔顺练习书写单词。)

상	자						
봉	지						
장							
병							
자	루						

상자 箱

봉지 包

장 张

병 瓶

자루 根

세는 말(단위) [数数(量词)]

월   일

■ 다음을 쓰는 순서에 맞게 따라 쓰세요.
　(跟着下列正确笔顺练习书写单词。)

벌					
켤레					
권					
마리					
잔					

벌 套

켤레 双

권 本

마리 只

잔 杯

세는 말(단위) [数数(量词)]

■ 다음을 쓰는 순서에 맞게 따라 쓰세요.
(跟着下列正确笔顺练习书写单词。)

채						
명						
통						
가 마						
첩						

채 栋

명 名

통 桶

가마 袋

첩 剂

24 꾸미는 말(1) [形容词 (1)]

월   일

■ 다음을 쓰는 순서에 맞게 따라 쓰세요.
  (跟着下列正确笔顺练习书写单词。)

많다					
적다					
크다					
작다					
비싸다					

많다 多

적다 少

크다 大

작다 小

비싸다 貴

② 꾸미는 말(1) [形容词(1)]

월   일

■ 다음을 쓰는 순서에 맞게 따라 쓰세요.
  (跟着下列正确笔顺练习书写单词。)

싸	다				

싸다 便宜

길	다				

길다 长

짧	다				

짧다 短

빠	르	다			

빠르다 快

느	리	다			

느리다 慢

24 꾸미는 말(1) [形容词 (1)]

월 일

■ 다음을 쓰는 순서에 맞게 따라 쓰세요.
(跟着下列正确笔顺练习书写单词。)

굵 다						
가 늘 다						
밝 다						
어 둡 다						
좋 다						

굵다 粗

가늘다 细

밝다 亮

어둡다 暗

좋다 好

25 꾸미는 말(2) [形容词(2)]

월   일

■ 다음을 쓰는 순서에 맞게 따라 쓰세요.
  (跟着下列正确笔顺练习书写单词。)

맵	다					
시	다					
가	볍	다				
좁	다					
따	뜻	하	다			

맵다 辣

시다 酸

가볍다 轻

좁다 窄

따뜻하다 温暖

꾸미는 말(2) [形容词 (2)]

월   일

■ 다음을 쓰는 순서에 맞게 따라 쓰세요.
（跟着下列正确笔顺练习书写单词。）

짜	다					
쓰	다					
무	겁	다				
깊	다					
차	갑	다				

짜다 咸

쓰다 苦

무겁다 厚

깊다 深

차갑다 凉

25

꾸미는 말(2) [形容词(2)]

월   일

■ 다음을 쓰는 순서에 맞게 따라 쓰세요.
　(跟着下列正确笔顺练习书写单词。)

달	다				
싱	겁	다			
넓	다				
얕	다				
귀	엽	다			

달다 甜

싱겁다 淡

넓다 宽

얕다 浅

귀엽다 可爱

 **26**

기분을 나타내는 말 [心情]

월　일

■ 다음을 쓰는 순서에 맞게 따라 쓰세요.
(跟着下列正确笔顺练习书写单词。)

기	쁘	다

기쁘다 高兴

슬	프	다

슬프다 伤心

화	나	다

화나다 生气

놀	라	다

놀라다 惊讶

곤	란	하	다

곤란하다 为难

기분을 나타내는 말 [心情]

월　일

■ 다음을 쓰는 순서에 맞게 따라 쓰세요.
　(跟着下列正确笔顺练习书写单词。)

궁	금	하	다		

궁금하다 好奇

지	루	하	다		

지루하다 无聊

부	끄	럽	다		

부끄럽다 害羞

피	곤	하	다		

피곤하다 疲惫

신	나	다			

신나다 开心

27 높임말 [敬语]

월 일

■ 다음을 쓰는 순서에 맞게 따라 쓰세요.
(跟着下列正确笔顺练习书写单词。)

집							
댁							
밥							
진	지						
병							
병	환						
말							
말	씀						
나	이						
연	세						

집 家 → 댁 府

밥 饭 → 진지 餐

병 病 → 병환 恙

말 话 → 말씀 教诲

나이 年龄 → 연세 贵庚

높임말 [敬语]

월   일

■ 다음을 쓰는 순서에 맞게 따라 쓰세요.
(跟着下列正确笔顺练习书写单词。)

생	일					
생	신					
있	다					
계	시	다				
먹	다					
드	시	다				
자	다					
주	무	시	다			
주	다					
드	리	다				

생일 生日 → 생신 生辰

있다 在 → 계시다 在

먹다 吃 → 드시다 用

자다 睡觉 → 주무시다 就寝

주다 给 → 드리다 敬上

소리가 같은 말(1) [同音词 (1)]

월 일

■ 다음을 쓰는 순서에 맞게 따라 쓰세요.
(跟着下列正确笔顺练习书写单词。)

눈					
발					
밤					
차					
비					

눈 眼睛 (단음) 눈 雪 (장음)

발 脚 (단음) 발 帘 (장음)

밤 夜晚 (단음) 밤 栗子 (장음)

차 车 (단음) 차 茶 (단음)

비 雨 (단음) 비 扫把 (단음)

28 소리가 같은 말(1) [同音词 (1)]

월   일

■ 다음을 쓰는 순서에 맞게 따라 쓰세요.
　(跟着下列正确笔顺练习书写单词。)

	말 马 (단음)	말 话 (장음)

말 马 (단음)　　　말 话 (장음)

벌 惩罚 (단음)　　　벌 蜜蜂 (장음)

상 桌子 (단음)　　　상 奖 (단음)

굴 牡蛎 (단음)　　　굴 洞窟 (장음)

배 船 (단음)　　　배 肚子 (단음)

말				
벌				
상				
굴				
배				

28 소리가 같은 말(1) [同音词 (1)]

월 일

■ 다음을 쓰는 순서에 맞게 따라 쓰세요.
(跟着下列正确笔顺练习书写单词。)

다 리				
새 끼				
돌				
병				
바 람				

다리 桥 (단음) **다리** 腿 (단음)

새끼 崽子 (단음) **새끼** 草绳 (단음)

돌 石头 (장음) **돌** 周岁 (단음)

병 病 (장음) **병** 瓶子 (단음)

바람 风 (단음) **바람** 希望 (단음)

소리가 같은 말(2) [同音词 (2)]

월   일

■ 다음을 쓰는 순서에 맞게 따라 쓰세요.
(跟着下列正确笔顺练习书写单词。)

깨다 醒 (장음)   깨다 打碎 (단음)

묻다 埋 (단음)   묻다 问 (장음)

싸다 便宜 (단음)   (똥을)싸다 拉
(오줌을)싸다 撒 (단음)

세다 数 (장음)   세다 强壮 (장음)

차다 冰 (단음)   차다 满 (단음)

깨 다				
묻 다				
싸 다				
세 다				
차 다				

소리가 같은 말(2) [同音词 (2)]

월 일

■ 다음을 쓰는 순서에 맞게 따라 쓰세요.
(跟着下列正确笔顺练习书写单词。)

RIGHT

맞다 对 (단음)　　맞다 被打 (단음)

맡다 接受 (단음)　　맡다 闻 (단음)

쓰다 写 (단음)　　쓰다 苦 (단음)

맞 다				
맡 다				
쓰 다				

30 소리를 흉내 내는 말 [拟声词]

■ 다음을 쓰는 순서에 맞게 따라 쓰세요.
(跟着下列正确笔顺练习书写单词。)

어	흥					
꿀	꿀					
야	옹					
꼬	꼬	댁				
꽥	꽥					

어흥

꿀꿀

야옹

꼬꼬댁

꽥꽥

30 소리를 흉내 내는 말 [拟声词]

월   일

■ 다음을 쓰는 순서에 맞게 따라 쓰세요.
  (跟着下列正确笔顺练习书写单词。)

붕						
매 앰						
부 르 릉						
딩 동						
빠 빠						

붕

매앰

부르릉

딩동

빠빠

부록   Appendix

안녕하세요! K-한글(www.k-hangul.kr)입니다.
'외국인을 위한 기초 한글 배우기' 1호 기초 편에서 다루지 못한 내용을 부록 편에
다음과 같이 **40가지 주제별로** 수록하니, 많은 이용 바랍니다.

번호	주제	번호	주제	번호	주제
1	**숫자**(50개) Number(s)	16	**인칭 대명사**(14개) Personal pronouns	31	**물건 사기**(30개) Buying Goods
2	**연도**(15개) Year(s)	17	**지시 대명사**(10개) Demonstrative pronouns	32	**전화하기**(21개) Making a phone call
3	**월**(12개) Month(s)	18	**의문 대명사**(10개) Interrogative pronouns	33	**인터넷**(20개) Words related to the Internet
4	**일**(31개) Day(s)	19	**가족**(24개) Words related to Family	34	**건강**(35개) Words related to health
5	**요일**(10개) Day of a week	20	**국적**(20개) Countries	35	**학교**(51개) Words related to school
6	**년**(20개) Year(s)	21	**인사**(5개) Phrases related to greetings	36	**취미**(28개) Words related to hobby
7	**개월**(12개) Month(s)	22	**작별**(5개) Phrases related to bidding farewell	37	**여행**(35개) Travel
8	**일(간), 주일(간)**(16개) Counting Days	23	**감사**(3개) Phrases related to expressing gratitude	38	**날씨**(27개) Weather
9	**시**(20개) Units of Time(hours)	24	**사과**(7개) Phrases related to making an apology	39	**은행**(25개) Words related to bank
10	**분**(16개) Units of Time(minutes)	25	**요구, 부탁**(5개) Phrases related to asking a favor	40	**우체국**(14개) Words related to post office
11	**시간**(10개) Hour(s)	26	**명령, 지시**(5개) Phrases related to giving instructions		
12	**시간사**(25개) Words related to Time	27	**칭찬, 감탄**(7개) Phrases related to compliment and admiration		
13	**계절**(4개) seasons	28	**환영, 축하, 기원**(10개) Phrases related to welcoming, congratulating and blessing		
14	**방위사**(14개) Words related to directions	29	**식당**(30개) Words related to Restaurant		
15	**양사**(25개) quantifier	30	**교통**(42개) Words related to transportation		

MP3	주제	단어
	1. 숫자	1, 2, 3, 4, 5, / 6, 7, 8, 9, 10, / 11, 12, 13, 14, 15, / 16, 17, 18, 19, 20, / 21, 22, 23, 24, 25, / 26, 27, 28, 29, 30, / 31, 40, 50, 60, 70, / 80, 90, 100, 101, 102, / 110, 120, 130, 150, 천, / 만, 십만, 백만, 천만, 억
	2. 연도	1999년, 2000년, 2005년, 2010년, 2015년, / 2020년, 2023년, 2024년, 2025년, 2026년, / 2030년, 2035년, 2040년, 2045년, 2050년
	3. 월	1월, 2월, 3월, 4월, 5월, / 6월, 7월, 8월, 9월, 10월, / 11월, 12월
	4. 일	1일, 2일, 3일, 4일, 5일, / 6일, 7일, 8일, 9일, 10일, / 11일, 12일, 13일, 14일, 15일, / 16일, 17일, 18일, 19일, 20일, / 21일, 22일, 23일, 24일, 25일, / 26일, 27일, 28일, 29일, 30일, / 31일
	5. 요일	월요일, 화요일, 수요일, 목요일, 금요일, / 토요일, 일요일, 공휴일, 식목일, 현충일
	6. 년	1년, 2년, 3년, 4년, 5년, / 6년, 7년, 8년, 9년, 10년, / 15년, 20년, 30년, 40년, 50년, / 100년, 200년, 500년, 1000년, 2000년
	7. 개월	1개월(한 달), 2개월(두 달), 3개월(석 달), 4개월(네 달), 5개월(다섯 달), / 6개월(여섯 달), 7개월(일곱 달), 8개월(여덟 달), 9개월(아홉 달), 10개월(열 달), / 11개월(열한 달), 12개월(열두 달)
	8. 일(간), 주일(간)	하루(1일), 이틀(2일), 사흘(3일), 나흘(4일), 닷새(5일), / 엿새(6일), 이레(7일), 여드레(8일), 아흐레(9일), 열흘(10일), / 10일(간), 20일(간), 30일(간), 100일(간), 일주일(간), / 이 주일(간)
	9. 시	1시, 2시, 3시, 4시, 5시, / 6시, 7시, 8시, 9시, 10시, / 11시, 12시, 13시(오후 1시), 14시(오후 2시), 15시(오후 3시), / 18시(오후 6시), 20시(오후 8시), 22시(오후 10시), 24시(오후 12시)
	10. 분	1분, 2분, 3분, 4분, 5분, / 10분, 15분, 20분, 25분, 30분(반 시간), / 35분, 40분, 45분, 50분, 55분, / 60분(1시간)

MP3	주제	단어
	11. 시간	반 시간(30분), 1시간, 1시간 반(1시간 30분), 2시간, 3시간, / 4시간, 5시간, 10시간, 12시간, 24시간
	12.시간사	오전, 정오, 오후, 아침, 점심, / 저녁, 지난주, 이번 주, 다음 주, 지난달, / 이번 달, 다음날, 재작년, 작년, 올해, / 내년, 내후년, 그저께(이틀 전날), 엊그제(바로 며칠 전), 어제(오늘의 하루 전날), / 오늘, 내일(1일 후), 모레(2일 후), 글피(3일 후), 그글피(4일 후)
	13. 계절	봄(春), 여름(夏), 가을(秋), 겨울(冬)
	14.방위사	동쪽, 서쪽, 남쪽, 북쪽, 앞쪽, / 뒤쪽, 위쪽, 아래쪽, 안쪽, 바깥쪽, / 오른쪽, 왼쪽, 옆, 중간
	15. 양사	개(사용 범위가 가장 넓은 개체 양사), 장(평면이 있는 사물), 척(배를 세는 단위), 마리(날짐승이나 길짐승), 자루, / 다발(손에 쥘 수 있는 물건), 권(서적 류), 개(물건을 세는 단위), 갈래, 줄기(가늘고 긴 모양의 사물이나 굽은 사물), / 건(사건), 벌(의복), 쌍, 짝, 켤레, / 병, 조각(덩어리, 모양의 물건), 원(화폐), 대(각종 차량), 대(기계, 설비 등), / 근(무게의 단위), 킬로그램(힘의 크기, 무게를 나타내는 단위), 번(일의 차례나 일의 횟수를 세는 단위), 차례(단순히 반복적으로 발생하는 동작), 식사(끼)
	16. 인칭 대명사	인칭 대명사 : 사람의 이름을 대신하여 나타내는 대명사. 나, 너, 저, 당신, 우리, / 저희, 여러분, 너희, 그, 그이, / 저분, 이분, 그녀, 그들
	17. 지시 대명사	지시 대명사 : 사물이나 장소의 이름을 대신하여 나타내는 대명사. 이것, 이곳, 저것, 저곳, 저기, / 그것(사물이나 대상을 가리킴), 여기, 무엇(사물의 이름), 거기(가까운 곳, 이미 이야기한 곳), 어디(장소의 이름)
	18. 의문 대명사	의문 대명사 : 물음의 대상을 나타내는 대명사. 누구(사람의 정체), 몇(수효), 어느(둘 이상의 것 가운데 대상이 되는 것), 어디(처소나 방향), 무엇(사물의 정체), / 언제, 얼마, 어떻게(어떤 방법, 방식, 모양, 형편, 이유), 어떤가?, 왜(무슨 까닭으로, 어떤 사실에 대하여 확인을 요구할 때)
	19. 가족	할아버지, 할머니, 아버지, 어머니, 남편, / 아내, 딸, 아들, 손녀, 손자, / 형제자매, 형, 오빠, 언니, 누나, / 여동생, 남동생, 이모, 이모부, 고모, / 고모부, 사촌, 삼촌, 숙모
	20. 국적	국가, 나라, 한국, 중국, 대만, / 일본, 미국, 영국, 캐나다, 인도네시아, / 독일, 러시아, 이탈리아, 프랑스, 인도, / 태국, 베트남, 캄보디아, 몽골, 라오스

MP3	주제	단어
	21. 인사	안녕하세요!, 안녕하셨어요?, 건강은 어떠세요?, 그에게 안부 전해주세요, 굿모닝!
	22. 작별	건강하세요, 행복하세요, 안녕(서로 만나거나 헤어질 때), 내일 보자, 다음에 보자.
	23. 감사	고마워, 감사합니다, 도와주셔서 감사드립니다.
	24. 사과	미안합니다, 괜찮아요!, 죄송합니다, 정말 죄송합니다, 모두 다 제 잘못입니다, / 오래 기다리셨습니다, 유감이네요.
	25. 요구, 부탁	잠시 기다리세요, 저 좀 도와주세요, 좀 빨리해 주세요, 문 좀 닫아주세요, 술 좀 적게 드세요.
	26. 명령, 지시	일어서라!, 들어오시게, 늦지 말아라, 수업 시간에는 말하지 마라, 금연입니다.
	27. 칭찬, 감탄	정말 잘됐다!, 정말 좋다, 정말 대단하다, 진짜 잘한다!, 정말 멋져!, / 솜씨가 보통이 아니네!, 영어를 잘하는군요. ※감탄사의 종류(감정이나 태도를 나타내는 단어) : 아하, 헉, 우와, 아이고, 아차, 앗, 어머, 저런, 여보, 야, 아니요, 네, 예, 그래, 얘 등
	28. 환영, 축하, 기원	환영합니다!, 또 오세요, 생일 축하해!, 대입 합격 축하해!, 축하드려요, / 부자 되세요, 행운이 깃드시길 바랍니다, 만사형통하시길 바랍니다, 건강하세요, 새해 복 많이 받으세요!
	29. 식당	음식, 야채, 먹다, 식사 도구, 메뉴판, / 세트 요리, 종업원, 주문하다, 요리를 내오다, 중국요리, / 맛, 달다, 담백하다, 맵다, 새콤달콤하다, / 신선하다, 국, 탕, 냅킨, 컵, / 제일 잘하는 요리, 계산, 잔돈, 포장하다, 치우다, / 건배, 맥주, 술집, 와인, 술에 취하다.
	30. 교통	말씀 좀 묻겠습니다, 길을 묻다, 길을 잃다, 길을 건너가다, 지도, / 부근, 사거리, 갈아타다, 노선, 버스, / 몇 번 버스, 정거장, 줄을 서다, 승차하다, 승객, / 차비, 지하철, 환승하다, 1호선, 좌석, / 출구, 택시, 택시를 타다, 차가 막히다, 차를 세우다, / 우회전, 좌회전, 유턴하다, 기차, 기차표, / 일반 침대석, 일등 침대석, 비행기, 공항, 여권, / 주민등록증, 연착하다, 이륙, 비자, 항공사, / 안전벨트, 현지시간

MP3	주제	단어
	31. 물건 사기	손님, 서비스, 가격, 가격 흥정, 노점, / 돈을 내다, 물건, 바겐세일, 싸다, 비싸다, / 사이즈, 슈퍼마켓, 얼마예요?, 주세요, 적당하다, / 점원, 품질, 백화점, 상표, 유명 브랜드, / 선물, 영수증, 할인, 반품하다, 구매, / 사은품, 카드 결제하다, 유행, 탈의실, 계산대
	32. 전화하기	여보세요, 걸다, (다이얼을)누르다, OO 있나요?, 잘못 걸다, / 공중전화, 휴대전화 번호, 무료 전화, 국제전화, 국가번호, / 지역번호, 보내다, 문자 메시지, 시외전화, 전화받다, / 전화번호, 전화카드, 통화 중, 통화 요금, 휴대전화, / 스마트폰
	33. 인터넷	인터넷, 인터넷에 접속하다, 온라인게임, 와이파이, 전송하다, / 데이터, 동영상, 아이디, 비밀번호, 이메일, / 노트북, 검색하다, 웹사이트, 홈페이지 주소, 인터넷 쇼핑, / 업로드, 다운로드, pc방, 바이러스, 블로그
	34. 건강	병원, 의사, 간호사, 진찰하다, 수술, / 아프다, 환자, 입원, 퇴원, 기침하다, / 열나다, 체온, 설사가 나다, 콧물이 나다, 목이 아프다, / 염증을 일으키다, 건강, 금연하다, 약국, 처방전, / 비타민, 복용하다, 감기, 감기약, 마스크, / 비염, 고혈압, 골절, 두통, 알레르기, / 암, 전염병, 정신병, 혈액형, 주사 놓다
	35. 학교	초등학교, 중학교, 고등학교, 중·고등학교, 대학교, / 교실, 식당, 운동장, 기숙사, 도서관, / 교무실, 학생, 초등학생, 중학생, 고등학생, / 대학생, 유학생, 졸업생, 선생님, 교사, / 교장, 교수, 국어, 수학, 영어, / 과학, 음악, 미술, 체육, 입학하다, / 졸업하다, 학년, 전공, 공부하다, 수업을 시작하다, / 수업을 마치다, 출석을 부르다, 지각하다, 예습하다, 복습하다, / 숙제를 하다, 시험을 치다, 합격하다, 중간고사, 기말고사, / 여름방학, 겨울방학, 성적, 교과서, 칠판, / 분필
	36. 취미	축구 마니아, ㅇㅇ마니아, 여가 시간, 좋아하다, 독서, / 음악 감상, 영화 감상, 텔레비전 시청, 연극 관람, 우표 수집, / 등산, 바둑, 노래 부르기, 춤추기, 여행하기, / 게임하기, 요리, 운동, 야구(하다), 농구(하다), / 축구(하다), 볼링(치다), 배드민턴(치다), 탁구(치다), 스키(타다), / 수영(하다), 스케이팅, 태권도
	37. 여행	여행(하다), 유람(하다), 가이드, 투어, 여행사, / 관광명소, 관광특구, 명승지, 기념품, 무료, / 유료, 할인티켓, 고궁, 경복궁, 남산, / 한국민속촌, 호텔, 여관, 체크인, 체크아웃, / 빈 방, 보증금, 숙박비, 호실, 팁, / 싱글룸, 트윈룸, 스탠더드룸, 1박하다, 카드 키, / 로비, 룸서비스, 식당, 뷔페, 프런트 데스크
	38. 날씨	일기예보, 기온, 최고기온, 최저기온, 온도, / 영상, 영하, 덥다, 따뜻하다, 시원하다, / 춥다, 흐린 날씨, 맑은 날, 비가 오다, 눈이 내리다, / 건조하다, 습하다, 가랑비, 구름이 많이 끼다, 보슬비, / 천둥치다, 번개, 태풍, 폭우, 폭설, / 황사, 장마
	39. 은행	예금하다, 인출하다, 환전하다, 송금하다, 예금주, / 예금통장, 계좌, 계좌번호, 원금, 이자, / 잔여금액, 비밀번호, 현금카드, 현금 인출기, 수수료, / 현금, 한국 화폐, 미국 달러, 외국 화폐, 환율, / 환전소, 신용카드, 대출, 인터넷뱅킹, 폰뱅킹

MP3	주제	단어
	40. 우체국	편지, 편지봉투, 소포, 부치다, 보내는 사람, / 받는 사람, 우편물, 우편번호, 우편요금, 우체통, / 우표, 주소, 항공우편, EMS

'K-한글'의 세계화 www.k-hangul.kr

1. 영어로 한글배우기
Learning Korean in English

2. 베트남어로 한글배우기
Học tiếng Hàn bằng tiếng Việt

3. 몽골어로 한글배우기
Монгол хэл дээр солонгос
цагаан толгой сурах

4. 일본어로 한글배우기
日本語でハングルを学ぼう

5. 스페인어로 한글배우기(유럽연합)
APRENDER COREANO EN
ESPAÑOL

6. 프랑스어로 한글배우기
Apprendre le coréen en
français

7. 러시아어로 한글배우기
Изучение хангыля
на русском языке

8. 중국어로 한글배우기
用中文学习韩文

9. 독일어로 한글배우기
Koreanisch lernen auf **Deutsch**

'K-한글'의 세계화 www.k-hangul.kr

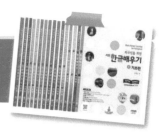

10. 태국어로 한글배우기
เรียนฮันกึลด้วยภาษาไทย

11. 힌디어로 한글배우기
हिंदी में हंगेउल सीखना

12. 아랍어로 한글배우기
تعلم اللغة الكورية بالعربية

13. 페르시아어로 한글배우기
یادگیری کره‌ای از طریق فارسی

14. 튀르키예어로 한글배우기
Hangıl'ı **Türkçe** Öğrenme

15. 포르투칼어로 한글배우기
Aprendendo Coreano em
Português

16. 스페인어로 한글배우기(남미)
Aprendizaje de coreano en
español

중국어를 사용하는 국민을 위한 기초 한글 배우기

한글배우기 ❶ 기초편

2024년 10월 9일 초판 1쇄 발행

발행인 | 배영순
저자 | 권용선(權容璿), 作者 : 权容善
펴낸곳 | 홍익교육, 出版 : 韓国弘益教育
기획·편집 | 아이한글 연구소
출판등록 | 2010-10호
주소 | 경기도 광명시 광명동 747-19 리츠팰리스 비동 504호
전화 | 02-2060-4011
홈페이지 | www.k-hangul.kr
E-mail | kwonys15@naver.com
정가 | 14,000원
ISBN 979-11-88505-53-1 / 13710